中国旅游日
China Tourism Day

2016

中国旅游财务信息年鉴

中华人民共和国国家旅游局
NATIONAL TOURISM ADMINISTRATION
OF THE PEOPLE'S REPUBLIC OF CHINA

中国旅游出版社

THE YEARBOOK OF CHINA TOURISM FINANCIAL

前　言

《2016中国旅游财务信息年鉴》是一本在2016年编辑的反映2015年度中国旅游企业财务信息的工具性、学术性年刊。本年鉴通过对年度旅游企业财务效益、资产营运、偿债能力和发展能力等主要财务指标，以及人均增加值、人均财政贡献等补充指标进行统计梳理和分析评价，希望能为广大旅游财务信息使用者提供行业平均参考数据，为管理决策、行业研究、产业发展贡献微薄的力量。

本年鉴由两部分组成，第一部分“研究报告”以财务信息年鉴数据、旅游类上市企业财务数据为样本，从资本结构、经营规模、财务效益、社会贡献等方面对当前旅游企业的发展形势进行研判。第二部分“行业数据”全面汇总了年度旅游企业财务信息数据，力求从多个维度客观反映旅游企业年度财务状况。

由于统计系统仍待完善，汇总企业数据还未能反映旅游业的全貌，加之时间和水平限制，年鉴编辑中难免会存在缺憾，敬请广大读者批评指正。

《中国旅游财务信息年鉴》编辑委员会

2016年7月

目录

目　录

行业数据

行业数据

2015 年度全国旅游行业经济效益

地区	财务效益				资产营运状况		
	净资产收益率(%)	总资产报酬率(%)	营业利润率(%)	成本费用利润率(%)	总资产周转率(%)	流动资产周转率(%)	存货周转率(次)
全国	3.53	3.50	3.44	4.58	51.81	119.56	2.06
北京	3.07	3.72	1.99	2.34	110.66	259.55	15.67
天津	0.38	0.35	0.51	0.57	59.30	160.78	7.84
河北	−0.31	1.10	−0.69	0.13	40.01	98.48	3.46
山西	−4.65	−1.77	−4.15	−3.50	63.95	189.81	3.92
内蒙古	−1.41	−0.02	−4.21	−3.06	21.54	70.63	4.15
辽宁	2.47	2.29	0.61	1.53	106.14	191.14	2.03
吉林	0.90	2.23	1.74	5.40	22.25	54.37	1.03
黑龙江	−1.33	0.61	−0.72	−0.61	91.73	299.34	6.55
上海	6.66	4.53	4.39	5.67	67.71	157.11	6.18
江苏	0.53	1.49	−1.10	1.48	33.79	76.03	1.64
浙江	2.77	4.81	3.15	4.28	44.26	97.22	1.82
安徽	1.28	3.16	4.66	6.11	34.19	93.40	0.89
福建	1.76	2.25	1.45	2.03	66.48	147.96	1.12
江西	1.76	1.05	1.58	1.85	47.29	110.80	1.98
山东	2.10	2.39	4.57	5.52	32.44	108.22	0.69

评价主要财务指标表（全部旅游企业）

	偿债能力状况				发展能力状况		
应收账款周转率（次）	资产负债率（%）	流动比率（%）	速动比率（%）	长期资产适合率（%）	销售增长率（%）	资本积累率（%）	总资产增长率（%）
15.98	56.68	118.89	96.19	183.16	10.07	12.85	13.23
16.37	58.19	93.97	85.45	141.32	9.65	10.51	10.09
7.09	53.05	92.08	88.03	132.09	−1.98	−11.33	2.87
10.93	54.44	119.95	115.00	160.58	9.41	−4.08	−0.26
11.02	49.81	79.03	76.21	133.06	15.96	−0.19	5.59
8.05	44.07	92.45	87.88	193.95	11.03	−3.09	0.40
36.83	57.20	130.88	125.71	203.78	23.88	0.92	−0.44
11.63	52.26	174.19	152.78	184.46	17.88	9.25	28.43
18.65	52.34	179.15	174.11	192.84	13.85	−0.24	18.17
23.61	58.46	108.25	103.01	167.36	13.59	9.09	18.53
12.67	63.47	122.18	108.16	202.96	10.88	10.36	11.89
20.24	60.50	108.38	86.29	160.01	8.12	14.34	11.92
14.62	55.69	116.81	85.40	187.16	11.02	4.02	−3.01
14.61	54.96	137.07	101.56	220.83	10.50	3.25	3.55
9.21	54.74	109.14	95.63	174.48	3.95	2.66	3.42
18.01	34.86	137.14	85.39	281.72	13.96	79.88	44.29

地区	财务效益				资产营运状况		
	净资产收益率(%)	总资产报酬率(%)	营业利润率(%)	成本费用利润率(%)	总资产周转率(%)	流动资产周转率(%)	存货周转率(次)
河南	1.90	2.52	4.99	5.54	30.87	114.64	4.32
湖北	1.33	3.12	0.66	2.41	39.95	133.87	2.20
湖南	5.13	4.37	4.06	5.90	57.65	167.06	4.70
广东	10.09	6.31	9.59	11.31	50.91	83.42	0.65
广西	2.70	2.92	3.66	4.65	34.67	77.51	2.06
海南	7.36	6.44	15.01	18.16	35.26	79.85	9.29
重庆	1.00	1.27	–0.73	1.65	35.51	101.54	1.26
四川	3.92	3.37	4.97	5.67	41.84	127.23	5.43
贵州	0.59	0.86	–0.67	2.40	22.21	73.58	2.84
云南	4.07	3.47	4.88	5.82	44.34	112.75	2.01
陕西	0.77	2.04	–0.24	2.01	32.19	62.10	2.34
甘肃	1.82	2.33	3.30	4.80	32.97	99.39	2.41
青海	1.58	1.91	–6.81	3.16	31.86	79.34	8.14
宁夏	3.85	3.64	7.58	9.63	28.93	84.56	7.19
新疆	1.20	1.66	0.78	2.50	41.48	138.55	7.16
西藏	–6.07	–4.83	–9.42	–6.48	70.09	166.63	3.01

续表

应收账款周转率（次）	偿债能力状况				发展能力状况		
	资产负债率（%）	流动比率（%）	速动比率（%）	长期资产适合率（%）	销售增长率（%）	资本积累率（%）	总资产增长率（%）
7.68	49.23	87.19	78.46	157.78	4.96	6.22	7.02
13.96	56.84	81.67	72.29	150.66	0.65	16.35	19.35
21.38	52.89	116.16	108.93	177.61	0.46	1.79	9.36
35.67	62.09	158.60	88.26	237.81	8.97	17.30	14.45
9.51	49.46	115.21	103.65	189.00	1.19	11.58	13.25
18.35	38.70	179.88	176.61	214.14	7.07	5.74	4.86
12.97	64.43	116.78	92.86	202.89	8.63	12.16	16.08
20.68	54.40	91.14	85.47	124.98	8.96	10.47	6.02
22.39	51.54	161.48	157.25	445.16	19.94	7.25	20.65
16.25	51.67	121.46	96.85	176.53	14.72	4.84	5.87
3.22	57.88	136.01	122.31	177.41	11.78	6.11	17.88
6.87	48.91	80.92	69.82	119.16	22.56	4.90	11.67
10.30	46.89	140.62	136.81	164.80	16.11	4.30	9.25
11.99	44.10	147.99	143.39	177.31	5.44	16.72	13.68
15.13	43.96	100.29	93.41	121.09	16.23	6.32	1.45
8.12	21.65	172.25	163.73	133.80	23.66	–5.19	3.56

2015 年度全国旅游行业经济效益

地 区	财务效益				资产营运状况		
	净资产收益率(%)	总资产报酬率(%)	营 业利润率(%)	成本费用利润率(%)	总资产周转率(%)	流动资产周转率(%)	存 货周转率(次)
全 国	6.29	2.99	0.59	0.76	355.29	446.09	—
北 京	8.00	4.27	1.01	1.11	337.23	402.84	—
天 津	−2.10	−0.70	−0.25	−0.21	352.66	433.33	—
河 北	3.47	2.68	0.46	0.66	394.14	454.75	—
山 西	1.50	1.51	0.20	0.27	455.96	562.31	—
内蒙古	3.97	2.76	0.84	1.09	236.78	308.94	—
辽 宁	19.53	12.37	1.35	1.42	870.97	1 089.40	—
吉 林	2.96	2.43	0.42	0.78	228.91	250.92	—
黑龙江	18.80	13.19	1.87	1.89	711.15	842.52	—
上 海	4.16	0.92	0.16	0.36	242.35	291.64	—
江 苏	2.71	1.96	0.09	0.38	387.28	560.46	—
浙 江	8.04	5.04	0.86	1.21	384.45	559.44	—
安 徽	2.90	2.45	0.19	0.46	472.55	578.68	—
福 建	10.14	6.14	0.84	1.00	605.02	837.48	—
江 西	2.12	1.17	0.33	0.39	293.52	408.19	—
山 东	13.76	11.24	2.46	2.55	445.19	675.41	—

评价主要财务指标表（全部旅行社）

	偿债能力状况				发展能力状况		
应收账款周转率（次）	资产负债率（%）	流动比率（%）	速动比率（%）	长期资产适合率（%）	销售增长率（%）	资本积累率（%）	总资产增长率（%）
23.36	68.45	119.58	119.17	188.25	15.66	14.52	15.49
20.07	61.63	130.61	130.50	213.47	8.45	53.22	30.01
14.25	65.65	126.00	124.80	201.92	–2.40	–7.35	19.73
37.68	45.96	188.12	187.45	562.29	16.12	4.37	5.44
15.24	38.36	207.81	205.63	370.61	22.94	24.04	13.67
15.90	45.54	167.39	166.64	283.26	23.88	7.21	–7.60
50.74	53.07	168.33	168.03	281.66	28.52	19.51	–13.08
8.57	54.99	170.68	170.54	776.76	41.36	6.13	24.51
24.65	39.39	213.49	212.60	501.16	16.94	14.83	38.12
23.65	85.59	97.99	97.96	92.65	18.91	6.02	15.94
19.19	73.81	115.81	115.05	152.48	21.78	10.35	24.85
24.43	58.13	125.56	125.30	184.72	17.36	11.75	7.94
25.66	51.22	162.48	161.49	442.48	21.67	0.31	7.08
27.71	51.91	141.11	140.62	306.11	19.53	10.62	1.44
20.63	46.95	157.02	156.77	293.51	2.02	2.23	3.89
31.14	30.10	232.41	228.18	228.06	21.82	15.80	–4.57

全部旅行社

地 区	财务效益				资产营运状况		
	净资产收益率(%)	总资产报酬率(%)	营 业利润率(%)	成本费用利润率(%)	总资产周转率(%)	流动资产周转率(%)	存 货周转率(次)
河 南	0.24	0.78	–0.22	0.22	255.31	338.45	—
湖 北	9.22	5.73	1.06	1.36	412.76	619.68	—
湖 南	6.08	4.71	0.51	0.60	743.46	901.05	—
广 东	7.99	3.31	0.55	0.57	476.40	547.37	—
广 西	2.93	1.95	0.22	0.43	418.46	477.66	—
海 南	–1.33	0.54	–0.31	–0.04	208.09	215.43	—
重 庆	11.28	6.28	0.42	0.90	633.12	817.73	—
四 川	4.80	3.06	0.70	0.79	364.65	435.02	—
贵 州	4.53	3.77	0.52	0.61	423.67	551.02	—
云 南	–1.60	0.75	–0.14	–0.07	322.79	397.70	—
陕 西	2.89	2.00	0.32	0.44	389.70	443.79	—
甘 肃	0.15	0.49	–0.36	0.25	126.92	223.72	—
青 海	2.92	2.11	1.10	1.24	172.22	338.92	—
宁 夏	1.06	1.66	–0.14	0.27	377.65	434.80	—
新 疆	1.75	1.34	0.20	0.45	295.18	353.27	—
西 藏	–1.52	–0.44	–3.68	–0.46	192.22	192.78	—

续表

	偿债能力状况				发展能力状况		
应收账款周转率(次)	资产负债率(%)	流动比率(%)	速动比率(%)	长期资产适合率(%)	销售增长率(%)	资本积累率(%)	总资产增长率(%)
20.11	39.02	196.98	194.38	291.40	1.33	−1.55	0.85
23.92	51.91	136.40	134.52	190.72	−2.37	8.00	11.57
32.27	42.77	192.32	191.40	520.37	−1.84	9.04	9.53
26.38	77.62	115.12	114.42	234.30	14.90	10.90	21.95
16.53	67.13	131.52	131.32	438.31	11.93	2.15	11.17
7.39	63.97	151.23	150.40	1 291.59	14.31	5.15	10.15
47.24	58.73	130.49	129.69	204.74	12.10	40.54	27.19
36.40	56.03	161.40	160.97	479.98	24.10	7.94	26.62
20.12	60.30	131.62	129.56	221.36	41.44	7.84	22.31
16.00	71.52	127.55	126.53	253.55	10.78	−0.89	5.43
21.22	57.10	158.26	157.49	627.16	32.67	−6.19	1.20
11.00	29.93	218.83	214.13	183.97	27.71	2.95	7.20
15.77	43.52	124.77	124.16	124.37	31.67	1.01	17.98
17.02	63.69	134.15	133.55	316.81	21.74	−3.90	8.72
14.33	54.60	153.47	151.44	338.69	37.65	4.52	5.05
7.17	43.44	186.33	185.73	724.68	21.95	−1.66	10.96

2015 年度全国旅游行业经济效益

地区	财务效益				资产营运状况		
	净资产收益率(%)	总资产报酬率(%)	营业利润率(%)	成本费用利润率(%)	总资产周转率(%)	流动资产周转率(%)	存货周转率(次)
全国	7.75	3.11	0.60	0.77	368.51	459.72	—
北京	8.35	4.34	1.01	1.10	345.97	421.90	—
天津	−3.08	−0.74	−0.34	−0.26	307.78	367.33	—
河北	11.89	5.26	0.74	0.86	606.71	697.32	—
山西	3.33	2.59	0.31	0.40	558.36	692.48	—
内蒙古	5.75	3.30	0.83	1.08	278.81	382.88	—
辽宁	25.83	14.14	1.41	1.47	967.36	1 206.16	—
吉林	6.58	4.23	0.92	1.24	265.06	282.67	—
黑龙江	28.32	19.13	2.20	2.24	874.81	1 043.91	—
上海	5.07	0.90	0.16	0.37	229.25	277.81	—
江苏	−8.83	−0.46	−0.56	−0.24	532.23	624.16	—
浙江	9.01	5.62	1.03	1.21	429.55	624.28	—
安徽	3.35	2.77	0.17	0.41	588.24	732.94	—
福建	9.46	5.73	0.76	0.91	620.67	882.02	—
江西	1.99	1.08	0.34	0.35	303.82	457.04	—
山东	16.16	12.95	2.52	2.61	504.22	794.11	—

评价主要财务指标表（经营出境游旅行社）

	偿债能力状况				发展能力状况		
应收账款周转率（次）	资产负债率（%）	流动比率（%）	速动比率（%）	长期资产适合率（%）	销售增长率（%）	资本积累率（%）	总资产增长率（%）
26.09	72.80	111.94	111.62	161.63	15.80	19.32	18.18
23.64	61.69	127.15	127.03	192.20	7.99	59.52	31.76
11.00	78.14	110.49	110.38	163.96	–5.85	–14.70	37.44
59.09	62.91	137.96	137.78	358.51	16.72	10.41	7.90
15.90	41.26	192.60	192.15	335.07	24.53	34.46	17.66
24.32	51.05	139.37	138.78	204.38	35.26	17.50	–11.34
53.29	57.29	158.41	158.18	261.77	29.28	24.04	–15.66
7.98	64.64	147.97	147.90	1 074.91	54.33	7.06	37.74
29.24	40.90	204.76	204.39	482.23	16.59	25.72	51.24
24.36	87.97	94.65	94.64	75.41	20.90	2.91	15.92
18.20	81.86	112.20	111.66	190.80	24.04	33.27	51.77
28.50	60.66	122.30	122.20	185.70	20.60	13.87	14.11
50.92	57.73	144.00	143.33	339.78	31.74	–0.37	11.78
29.20	52.59	136.20	135.78	332.43	12.83	7.78	–0.90
36.22	48.05	142.74	142.53	257.74	4.64	2.30	5.16
35.37	29.65	221.76	217.05	207.83	24.93	21.36	–5.43

地区	财务效益				资产营运状况		
	净资产收益率(%)	总资产报酬率(%)	营业利润率(%)	成本费用利润率(%)	总资产周转率(%)	流动资产周转率(%)	存货周转率(次)
河南	1.05	0.92	-0.42	0.17	439.74	646.30	—
湖北	10.93	6.31	1.13	1.48	427.22	697.62	—
湖南	8.11	6.81	0.64	0.66	1 012.17	1 209.22	—
广东	10.52	3.84	0.64	0.66	479.20	556.41	—
广西	9.47	4.18	0.60	0.92	434.95	498.63	—
海南	-12.70	-2.61	-2.96	-2.42	107.15	111.12	—
重庆	11.89	6.47	0.39	0.93	627.66	817.56	—
四川	5.97	3.55	0.74	0.83	405.12	461.99	—
贵州	7.11	5.57	0.79	0.91	431.92	580.76	—
云南	-1.44	1.00	-0.14	-0.03	311.99	404.96	—
陕西	8.04	3.79	0.46	0.58	567.40	624.84	—
甘肃	1.02	1.23	0.20	0.84	122.17	286.25	—
青海	9.52	3.70	0.93	0.98	380.44	437.99	—
宁夏	12.80	5.78	0.55	1.08	469.12	563.33	—
新疆	3.37	1.99	0.53	0.65	302.96	372.29	—
西藏	—	—	—	—	—	—	—

续表

	偿债能力状况				发展能力状况		
应收账款周转率(次)	资产负债率(%)	流动比率(%)	速动比率(%)	长期资产适合率(%)	销售增长率(%)	资本积累率(%)	总资产增长率(%)
41.72	64.11	108.81	107.59	124.30	8.51	–3.03	4.65
27.29	54.51	121.88	119.66	161.79	–6.63	9.57	13.59
46.15	36.98	228.44	227.73	494.63	–3.63	13.46	12.94
27.66	79.81	110.78	110.05	195.61	10.40	10.64	22.22
23.89	71.57	122.69	122.56	332.94	14.43	6.33	9.74
9.40	78.76	121.01	120.98	588.61	–7.39	–8.38	–2.69
51.29	59.02	126.88	125.99	193.34	14.34	47.76	29.34
41.55	58.45	159.32	159.19	600.42	25.71	11.58	31.87
21.71	61.81	127.10	126.65	206.83	38.28	14.40	38.30
16.51	79.58	116.60	114.74	208.21	–1.85	–1.63	2.69
29.14	69.36	137.16	136.45	1 121.97	43.01	–15.77	2.27
14.49	28.25	176.45	172.57	138.57	30.72	3.61	9.02
20.08	71.77	137.64	137.53	351.28	34.14	–0.89	19.74
27.51	69.40	117.86	117.51	217.43	29.44	6.28	15.20
17.22	58.90	139.81	137.76	273.84	22.78	2.69	5.11
—	—	—	—	—	—	—	—

2015 年度全国旅游行业经济效益

地　区	财务效益				资产营运状况		
	净资产收益率(%)	总资产报酬率(%)	营　业利润率(%)	成本费用利润率(%)	总资产周转率(%)	流动资产周转率(%)	存　货周转率(次)
全　国	3.34	2.52	0.52	0.74	307.50	395.15	—
北　京	5.66	3.75	1.01	1.21	272.69	282.66	—
天　津	−1.48	−0.64	−0.16	−0.16	407.62	519.68	—
河　北	−1.31	−0.31	−0.87	−0.25	148.60	172.31	—
山　西	−2.76	−1.73	−1.02	−1.15	150.53	180.96	—
内蒙古	2.11	1.92	0.86	1.10	171.74	207.44	—
辽　宁	−1.20	0.39	−0.30	−0.20	220.95	281.14	—
吉　林	−0.96	−0.70	−0.98	−0.48	165.77	191.02	—
黑龙江	−9.15	−6.43	−3.81	−3.66	169.64	196.26	—
上　海	0.98	1.16	0.18	0.26	393.64	440.05	—
江　苏	10.49	5.36	2.70	2.96	184.69	397.05	—
浙　江	6.73	4.16	0.51	1.22	316.63	461.64	—
安　徽	2.56	2.15	0.21	0.55	365.34	438.44	—
福　建	12.02	7.33	1.08	1.29	559.91	721.11	—
江　西	2.31	1.31	0.31	0.46	278.07	347.37	—
山　东	6.16	5.31	2.04	2.18	241.04	319.91	—

评价主要财务指标表（经营非出境游旅行社）

	偿债能力状况				发展能力状况		
应收账款周转率（次）	资产负债率（%）	流动比率（%）	速动比率（%）	长期资产适合率（%）	销售增长率（%）	资本积累率（%）	总资产增长率（%）
16.05	51.90	162.77	161.76	288.17	15.08	5.41	6.30
8.28	61.20	157.61	157.52	1 452.13	12.93	17.65	17.91
19.63	48.05	161.52	157.83	234.01	1.02	−2.36	1.35
13.91	25.90	334.91	332.80	845.78	13.36	1.10	2.68
10.42	29.12	276.19	266.25	515.16	7.80	2.98	2.62
8.47	37.47	223.79	222.74	506.32	2.27	−2.59	−1.52
20.92	27.81	276.51	275.43	409.35	9.34	5.82	6.40
10.77	35.90	255.74	255.38	596.80	14.48	5.14	4.62
6.69	33.48	255.36	251.95	580.63	23.17	−11.79	3.05
19.73	58.09	157.61	157.29	444.53	7.05	17.83	16.16
24.59	59.94	129.21	127.62	135.57	13.44	−2.71	−4.39
18.91	54.05	131.18	130.64	183.30	11.26	8.96	−0.70
14.63	44.94	185.10	183.71	573.71	9.20	0.82	2.91
23.81	50.03	155.18	154.47	253.05	47.50	18.79	8.47
12.10	45.27	180.08	179.75	367.29	−2.00	2.13	2.02
16.49	31.60	268.12	265.45	340.98	3.26	−0.13	−1.51

地区	财务效益				资产营运状况		
	净资产收益率(%)	总资产报酬率(%)	营业利润率(%)	成本费用利润率(%)	总资产周转率(%)	流动资产周转率(%)	存货周转率(次)
河南	0.00	0.70	0.12	0.30	145.10	181.49	—
湖北	5.31	4.13	0.83	0.98	372.76	459.26	—
湖南	2.72	1.96	0.05	0.39	390.12	480.85	—
广东	–0.25	0.40	0.04	0.06	461.05	500.92	—
广西	–2.80	–0.82	–0.29	–0.23	398.00	451.94	—
海南	1.76	2.30	0.29	0.52	264.61	273.56	—
重庆	7.91	5.04	0.57	0.69	667.88	818.77	—
四川	1.84	1.49	0.47	0.57	237.22	331.10	—
贵州	0.53	0.89	0.07	0.10	410.47	507.28	—
云南	–1.67	0.56	–0.14	–0.10	331.43	392.39	—
陕西	–0.40	0.11	–0.10	0.04	202.59	239.20	—
甘肃	–1.35	–0.68	–1.17	–0.59	134.51	169.88	—
青海	1.68	1.40	1.47	1.81	78.27	225.79	—
宁夏	–10.50	–4.56	–2.17	–2.10	239.29	259.08	—
新疆	–1.13	–0.20	–0.68	–0.08	276.82	312.11	—
西藏	–1.52	–0.44	–3.68	–0.46	192.22	192.78	—

续表

	偿债能力状况				发展能力状况		
应收账款周转率（次）	资产负债率(%)	流动比率(%)	速动比率(%)	长期资产适合率(%)	销售增长率(%)	资本积累率(%)	总资产增长率(%)
10.36	23.58	342.07	337.19	491.76	-9.52	-1.12	-1.35
17.26	44.49	184.23	183.44	346.18	14.18	4.48	6.15
15.88	50.63	156.16	155.04	571.57	4.80	2.15	5.21
20.87	65.59	144.36	143.87	687.93	49.56	11.72	20.51
11.67	61.69	143.99	143.70	619.47	8.70	-1.37	12.98
7.05	56.43	172.75	171.35	1 846.13	20.72	9.16	18.10
32.08	56.81	157.87	157.78	310.55	0.35	7.14	14.37
21.85	47.80	170.47	168.69	312.70	16.07	-0.79	11.54
17.91	57.50	140.68	135.39	250.35	47.09	-1.54	0.76
15.63	65.22	136.73	136.40	298.30	22.65	-0.55	7.68
11.78	44.06	193.66	192.80	498.14	9.35	0.47	0.09
8.15	32.67	280.66	274.76	415.77	23.57	1.82	4.35
10.68	30.64	112.45	111.38	107.97	26.56	1.37	17.20
7.98	54.41	167.99	166.88	628.12	3.49	-12.97	-0.39
9.99	44.45	195.67	193.72	585.27	100.27	7.88	4.90
7.17	43.44	186.33	185.73	724.68	21.95	-1.66	10.96

2015 年度全国旅游行业经济效益

地 区	财务效益				资产营运状况		
	净资产收益率(%)	总资产报酬率(%)	营业利润率(%)	成本费用利润率(%)	总资产周转率(%)	流动资产周转率(%)	存货周转率(次)
全 国	1.02	1.78	1.81	2.39	33.51	84.48	5.64
北 京	4.48	3.44	6.88	8.04	36.62	90.40	6.81
天 津	0.79	0.44	0.98	1.00	43.63	133.56	9.43
河 北	–6.08	–1.19	–10.80	–8.76	23.90	50.58	6.86
山 西	–8.04	–3.47	–20.50	–14.87	19.74	63.32	3.53
内蒙古	–6.55	–2.36	–11.83	–10.58	24.11	58.18	5.23
辽 宁	–1.20	0.10	–2.07	–2.01	22.89	39.08	2.60
吉 林	0.62	1.33	–0.82	3.29	27.47	96.36	7.11
黑龙江	–8.01	–1.39	–10.77	–9.72	31.69	96.52	7.46
上 海	5.90	4.81	10.09	11.51	39.58	104.27	11.37
江 苏	0.53	1.20	0.70	1.10	34.16	93.07	8.32
浙 江	–0.17	1.98	–0.01	0.93	36.61	89.45	7.02
安 徽	–6.19	–1.17	–11.15	–8.39	25.74	79.39	3.38
福 建	0.05	1.81	0.33	1.08	37.96	97.26	6.84
江 西	1.26	0.71	1.56	1.85	29.63	79.46	4.98
山 东	–3.09	–0.52	–3.94	–3.86	33.05	85.50	3.40

评价主要财务指标表（全部旅游饭店）

	偿债能力状况				发展能力状况		
应收账款周转率（次）	资产负债率(%)	流动比率(%)	速动比率(%)	长期资产适合率(%)	销售增长率(%)	资本积累率(%)	总资产增长率(%)
11.02	52.77	111.03	105.65	143.71	–0.81	0.18	1.07
6.37	53.29	105.68	101.93	133.41	1.93	–2.52	0.96
6.92	54.59	87.48	82.90	132.04	–2.53	0.22	4.90
6.76	60.42	122.69	119.39	151.02	1.95	–3.00	–2.31
4.13	56.65	59.52	55.96	96.97	–11.93	–10.10	–1.58
4.69	58.24	103.61	98.99	122.10	–0.57	–6.41	7.42
17.03	53.44	161.26	157.19	189.53	–3.21	–4.89	–5.61
17.44	44.93	105.92	101.86	140.30	2.21	6.43	6.03
23.64	62.29	169.11	163.69	156.93	4.09	–7.03	24.63
14.01	36.96	164.59	160.47	187.50	0.76	3.66	1.10
14.40	53.95	105.45	101.52	143.73	2.30	4.50	4.58
20.20	61.39	96.68	92.37	129.78	–4.42	–0.05	–1.34
6.64	60.64	83.50	75.68	140.57	–9.85	–2.46	0.26
15.20	59.00	115.95	110.55	156.06	–3.23	–0.77	–1.01
5.60	58.35	89.54	85.82	143.46	4.35	1.45	1.23
12.82	53.36	101.36	92.78	117.79	–4.32	–4.12	0.15

地区	财务效益				资产营运状况		
	净资产收益率（%）	总资产报酬率（%）	营业利润率（%）	成本费用利润率（%）	总资产周转率（%）	流动资产周转率（%）	存货周转率（次）
河南	−3.11	−0.26	−3.51	−3.31	32.69	86.34	3.11
湖北	−4.35	−0.91	−7.85	−7.88	24.76	80.31	2.58
湖南	−1.96	0.12	−3.31	−2.59	33.71	119.11	5.97
广东	3.28	3.47	5.70	6.22	34.21	70.50	6.70
广西	−2.61	0.20	−4.38	−3.67	29.76	100.94	11.01
海南	9.79	7.30	12.82	14.75	44.78	84.24	13.20
重庆	2.03	1.97	2.39	3.66	28.94	51.88	5.04
四川	−1.83	0.40	−2.85	−2.73	24.76	65.80	3.91
贵州	−1.69	0.09	−2.00	−0.98	35.29	82.33	1.67
云南	−1.90	0.25	−4.99	−3.67	23.79	66.58	1.62
陕西	−0.20	0.63	−0.37	0.41	37.26	107.72	4.32
甘肃	−0.46	1.22	−1.25	0.96	26.23	87.81	4.16
青海	−0.02	0.36	−1.22	−0.10	25.71	56.77	5.16
宁夏	−1.58	−0.21	−2.85	−2.21	26.76	56.87	3.17
新疆	−0.65	0.40	−1.42	−0.26	33.20	112.23	9.42
西藏	−7.24	−6.58	−37.88	−28.80	16.56	106.07	2.71

续表

	偿债能力状况				发展能力状况		
应收账款周转率（次）	资产负债率(%)	流动比率(%)	速动比率(%)	长期资产适合率(%)	销售增长率(%)	资本积累率(%)	总资产增长率(%)
4.87	57.31	86.80	73.40	117.86	–0.38	3.79	–1.55
8.93	56.20	90.81	80.89	128.57	–5.14	–2.07	6.01
10.80	49.97	75.66	70.00	106.46	–7.15	–4.81	–0.44
26.96	55.49	135.99	131.23	184.91	1.72	1.22	1.61
10.50	55.02	71.34	69.27	125.61	0.01	–1.94	3.82
21.77	44.56	170.51	168.05	184.10	–1.10	9.90	16.65
12.18	61.42	135.96	129.93	164.44	–5.28	1.55	–3.35
9.62	52.23	118.33	111.27	138.33	0.22	1.62	–1.01
21.67	57.14	112.63	106.03	136.40	–1.57	–27.58	–14.72
12.63	44.66	100.47	84.04	134.61	0.10	–1.69	–0.25
10.36	43.69	96.09	87.55	121.04	–6.63	–1.89	–1.38
5.66	50.57	75.14	69.18	104.72	14.35	1.83	3.98
10.91	33.58	177.64	170.91	170.06	2.34	4.94	2.98
5.03	54.55	119.66	111.21	184.52	–7.13	–1.84	7.06
13.82	37.94	107.40	101.04	113.84	4.47	3.71	–1.43
32.70	12.28	138.34	116.46	107.01	37.78	–6.00	0.78

2015 年度全国旅游行业经济效益

地区	财务效益				资产营运状况		
	净资产收益率(%)	总资产报酬率(%)	营业利润率(%)	成本费用利润率(%)	总资产周转率(%)	流动资产周转率(%)	存货周转率(次)
全国	3.42	3.14	6.33	6.77	31.58	76.98	6.16
北京	6.75	5.19	10.52	11.25	38.86	81.88	7.00
天津	–0.53	–0.21	–0.30	–0.30	70.11	128.20	13.77
河北	–2.18	–0.46	–6.55	–5.66	13.70	19.67	7.96
山西	–5.93	–2.76	–26.67	–17.01	11.99	56.62	4.29
内蒙古	–12.02	–4.61	–19.73	–17.10	22.51	53.34	12.31
辽宁	2.53	1.56	7.32	8.04	16.50	23.27	4.59
吉林	2.06	1.42	8.54	6.60	23.37	90.23	12.21
黑龙江	–70.74	–2.16	–158.83	–61.37	4.28	5.25	0.56
上海	6.18	5.60	13.42	15.61	35.32	105.89	9.04
江苏	2.02	2.10	2.52	2.78	32.03	81.27	12.28
浙江	–0.08	2.37	–0.80	0.70	25.47	72.45	2.63
安徽	–13.22	–4.29	–31.69	–23.10	14.12	67.25	3.46
福建	1.99	2.66	2.16	2.99	36.80	102.59	6.78
江西	4.68	1.72	5.71	6.07	30.07	52.14	9.26
山东	–2.27	–0.25	0.13	–3.60	32.67	92.40	8.79

评价主要财务指标表（五星级饭店）

	偿债能力状况				发展能力状况		
应收账款周转率（次）	资产负债率（%）	流动比率（%）	速动比率（%）	长期资产适合率（%）	销售增长率（%）	资本积累率（%）	总资产增长率（%）
9.99	51.83	132.39	127.95	162.54	−1.12	1.53	2.14
3.44	51.93	124.75	120.48	151.51	1.39	−3.00	0.33
3.41	47.93	155.47	150.15	196.62	−4.77	1.49	2.27
19.91	60.80	717.76	711.68	336.66	7.18	−4.96	−8.48
8.99	55.85	37.92	36.36	94.07	−3.61	−5.76	4.59
48.37	68.08	163.27	161.27	154.67	1.33	−11.58	29.27
18.48	54.29	203.20	201.13	261.96	−6.34	1.50	−6.72
18.57	49.67	136.10	133.43	207.67	2.03	9.31	12.54
1.84	95.73	483.15	474.85	648.92	−15.68	−52.26	171.82
10.91	28.81	209.37	203.40	204.87	−1.61	4.76	0.83
14.04	63.61	115.78	113.63	167.16	3.49	1.36	4.07
13.04	62.63	89.57	84.53	122.56	−3.57	−1.89	−2.22
1.67	68.76	77.28	72.98	497.30	−5.53	−12.40	−5.49
26.57	67.94	132.59	126.53	166.23	−5.65	−1.63	−2.43
55.83	62.63	276.87	274.07	306.17	2.31	4.79	1.45
22.29	47.00	116.52	114.07	113.40	−0.07	−3.23	4.19

地区	财务效益				资产营运状况		
	净资产收益率(%)	总资产报酬率(%)	营业利润率(%)	成本费用利润率(%)	总资产周转率(%)	流动资产周转率(%)	存货周转率(次)
河南	0.36	1.72	1.98	1.81	27.98	134.20	6.32
湖北	-9.13	-3.24	-14.74	-17.92	22.03	98.78	9.85
湖南	-6.59	-1.65	-14.07	-10.80	23.64	105.43	3.59
广东	6.70	4.88	10.64	11.89	35.32	68.24	8.80
广西	0.75	1.30	1.18	1.18	28.81	106.49	12.21
海南	12.34	8.76	15.35	18.13	45.72	79.34	16.55
重庆	4.27	2.05	6.40	8.20	21.03	35.94	7.37
四川	-3.15	0.04	-5.96	-6.67	16.95	46.43	4.49
贵州	0.01	0.79	-1.01	2.31	32.79	303.79	7.83
云南	-2.97	-0.96	-6.72	-6.24	19.73	40.86	0.26
陕西	6.27	6.09	13.91	15.91	42.46	93.00	13.71
甘肃	-4.88	-1.26	-8.06	-7.29	19.20	89.55	12.62
青海	-1.56	-1.10	-3.28	-3.05	34.86	61.78	2.57
宁夏	19.68	12.48	11.95	13.58	104.42	104.42	0.82
新疆	0.30	0.57	1.70	1.82	30.82	119.05	14.54
西藏	—	—	—	—	—	—	—

续表

	偿债能力状况				发展能力状况		
应收账款周转率（次）	资产负债率（%）	流动比率（%）	速动比率（%）	长期资产适合率（%）	销售增长率（%）	资本积累率（%）	总资产增长率（%）
18.52	64.23	63.75	57.99	113.76	−11.81	0.42	−19.59
41.60	53.15	108.73	106.20	137.29	−6.83	−4.92	10.34
15.64	55.00	51.80	47.63	82.41	−13.25	−7.65	1.33
31.02	55.78	147.07	143.20	197.45	3.20	2.54	4.29
12.30	49.26	68.71	66.83	90.59	−5.16	1.96	−0.51
21.46	46.30	178.44	176.45	191.81	0.29	13.28	20.70
34.13	67.14	124.90	123.35	148.99	−8.22	4.18	−5.01
5.24	58.97	103.96	102.45	128.06	−6.80	4.77	3.63
30.07	45.15	120.23	106.45	109.72	−3.33	−1.06	−1.10
12.13	54.82	112.02	61.90	151.01	−5.97	−2.23	−2.83
15.39	21.53	276.88	272.76	193.03	−8.99	2.25	3.75
22.51	68.01	28.59	27.48	44.53	−0.03	−4.18	−6.38
51.18	23.92	272.97	259.83	213.13	−11.60	−1.47	−4.08
1.79	32.97	803.58	662.80	0.00	−1.48	21.83	8.21
15.84	16.92	174.21	167.27	130.62	7.80	8.13	−2.09
—	—	—	—	—	—	—	—

2015 年度全国旅游行业经济效益

地区	财务效益				资产营运状况		
	净资产收益率(%)	总资产报酬率(%)	营业利润率(%)	成本费用利润率(%)	总资产周转率(%)	流动资产周转率(%)	存货周转率(次)
全国	–0.54	1.03	–0.60	0.12	33.09	85.61	5.79
北京	4.27	2.85	6.45	8.65	32.07	91.20	5.66
天津	0.18	0.14	0.47	0.51	27.33	118.26	7.04
河北	–6.40	–0.45	–9.43	–7.39	26.09	59.35	7.37
山西	–13.94	–6.34	–33.83	–25.24	18.73	46.32	2.06
内蒙古	–3.77	–1.25	–8.32	–8.79	21.51	77.76	4.73
辽宁	–5.26	–1.69	–9.41	–8.70	27.16	57.87	3.41
吉林	–5.10	–2.37	–11.85	–9.12	28.74	118.56	5.90
黑龙江	–3.26	–0.80	–4.53	–4.41	44.19	476.15	20.06
上海	7.86	5.37	8.86	10.62	48.99	104.38	15.76
江苏	0.39	0.86	0.30	0.96	33.29	102.86	7.76
浙江	1.32	2.48	2.07	2.57	44.70	96.82	11.16
安徽	–3.80	0.43	–7.55	–4.89	30.10	101.24	2.78
福建	–1.55	0.68	–2.21	–1.34	36.34	92.72	7.14
江西	0.84	0.50	0.96	1.34	26.87	79.47	5.21
山东	–4.49	–0.70	–6.50	–4.91	33.25	85.36	5.12

评价主要财务指标表（四星级饭店）

	偿债能力状况				发展能力状况		
应收账款周转率（次）	资产负债率(%)	流动比率(%)	速动比率(%)	长期资产适合率(%)	销售增长率(%)	资本积累率(%)	总资产增长率(%)
14.82	53.98	103.66	98.21	137.00	−0.81	0.15	0.17
37.88	54.49	97.64	94.70	126.75	3.34	−3.03	1.46
9.25	54.97	69.04	65.21	135.71	−5.03	1.33	4.18
6.14	64.59	90.89	88.17	127.37	3.72	−0.11	−0.45
2.68	57.58	87.81	82.84	107.46	−19.50	−18.31	−6.86
2.76	46.06	68.96	64.95	103.37	7.36	−6.99	−2.10
22.59	51.39	135.44	130.06	161.87	−7.37	−3.52	−1.07
15.55	39.11	80.62	75.55	113.52	8.67	−1.63	−8.28
72.18	36.42	53.13	48.99	113.97	7.58	−2.87	−6.09
20.71	47.93	138.52	135.66	173.34	4.30	2.65	3.73
17.17	47.09	97.56	93.13	127.27	1.35	12.18	7.11
35.50	61.02	112.35	108.16	143.58	−4.28	1.54	−1.98
15.77	57.36	85.50	73.16	108.86	−7.48	1.50	3.71
17.00	48.58	110.93	106.06	155.64	−3.97	0.20	−0.67
6.55	59.11	71.22	68.36	118.61	3.39	0.94	1.84
15.86	58.83	92.43	87.31	114.83	−1.24	−7.43	−2.12

地区	财务效益				资产营运状况		
	净资产收益率(%)	总资产报酬率(%)	营业利润率(%)	成本费用利润率(%)	总资产周转率(%)	流动资产周转率(%)	存货周转率(次)
河南	-4.54	-0.60	-5.03	-5.15	28.63	63.45	1.43
湖北	-4.37	-1.04	-10.25	-8.83	23.20	64.33	1.07
湖南	-1.86	-0.24	-3.59	-3.30	28.31	103.07	7.19
广东	-1.76	2.13	-1.92	-1.61	28.20	67.12	4.30
广西	-5.28	-0.42	-8.98	-7.73	26.38	101.35	8.67
海南	-0.66	0.25	-1.05	-0.85	40.81	134.77	4.97
重庆	-1.51	0.96	-2.34	-1.42	31.12	56.34	8.85
四川	-3.02	-0.53	-6.82	-6.02	23.11	60.79	5.11
贵州	-2.68	-0.18	-1.66	-1.47	46.83	88.45	7.63
云南	-3.74	-1.31	-9.66	-8.00	24.04	64.56	4.29
陕西	-4.86	-1.57	-6.28	-5.86	34.03	100.29	3.62
甘肃	-2.27	0.44	-2.59	-0.73	24.25	78.40	4.11
青海	0.30	0.61	-1.52	0.46	26.92	48.68	8.38
宁夏	-2.52	-0.58	-6.89	-5.67	16.50	37.01	3.80
新疆	-0.12	0.51	0.47	1.07	36.86	107.20	8.53
西藏	—	—	—	—	—	—	—

续表

	偿债能力状况				发展能力状况		
应收账款周转率(次)	资产负债率(%)	流动比率(%)	速动比率(%)	长期资产适合率(%)	销售增长率(%)	资本积累率(%)	总资产增长率(%)
3.67	63.47	91.94	70.10	130.99	−5.09	1.75	−3.02
5.72	60.01	101.76	81.15	124.72	−11.35	−3.49	2.13
11.01	46.38	98.21	92.19	119.30	−4.39	−4.24	−5.19
25.96	58.54	122.34	115.49	179.05	−0.15	−1.54	−3.67
12.54	59.14	62.16	60.22	139.62	3.61	−4.25	8.79
24.72	34.62	115.50	109.07	153.15	−10.20	−3.80	−2.70
22.70	58.11	184.18	180.27	205.51	−4.62	−3.05	−1.61
14.98	46.09	140.93	135.04	147.27	0.69	−1.30	−6.29
27.70	63.06	109.47	104.50	135.14	−3.30	0.24	−2.72
19.25	42.17	103.92	98.02	151.34	2.83	−3.06	−0.11
21.04	57.30	73.38	68.61	98.74	−4.19	−8.46	−4.11
5.01	50.12	83.42	78.93	96.55	23.58	2.03	0.82
41.37	30.88	287.18	279.68	262.41	5.86	8.84	4.18
14.69	56.58	116.11	110.17	197.45	−0.13	−2.34	8.56
21.83	35.62	96.98	90.94	107.68	−9.00	1.21	−0.69
—	—	—	—	—	—	—	—

四星级饭店

2015 年度全国旅游行业经济效益

地区	财务效益				资产营运状况		
	净资产收益率(%)	总资产报酬率(%)	营业利润率(%)	成本费用利润率(%)	总资产周转率(%)	流动资产周转率(%)	存货周转率(次)
全国	–0.70	0.74	–1.14	–0.12	37.65	94.24	4.75
北京	–0.17	0.77	–0.11	1.41	36.75	110.37	7.67
天津	2.99	1.44	2.16	2.22	66.13	139.37	9.69
河北	–8.89	–4.32	–15.12	–15.54	26.89	93.69	5.24
山西	–4.88	–1.29	–7.73	–4.80	35.49	88.76	4.52
内蒙古	–6.87	–2.04	–10.49	–8.46	27.67	52.03	4.33
辽宁	0.90	1.44	1.68	1.84	46.69	93.26	1.17
吉林	8.97	7.62	5.50	22.63	32.15	79.67	6.79
黑龙江	–5.22	–1.70	–4.63	–4.11	39.60	154.50	3.67
上海	0.74	1.51	0.94	1.94	43.16	101.26	14.79
江苏	–0.39	0.78	–0.15	0.08	49.99	105.90	6.01
浙江	–4.15	–0.04	–5.45	–3.52	37.17	91.51	9.91
安徽	–6.44	–1.99	–8.91	–7.01	38.76	81.79	7.06
福建	–0.44	1.00	0.39	0.70	52.22	89.12	5.58
江西	1.24	0.79	1.59	1.75	32.15	87.94	4.54
山东	–1.15	–0.03	–1.81	–0.94	33.67	77.97	2.16

评价主要财务指标表（三星级饭店）

	偿债能力状况				发展能力状况		
应收账款周转率（次）	资产负债率(%)	流动比率(%)	速动比率(%)	长期资产适合率(%)	销售增长率(%)	资本积累率(%)	总资产增长率(%)
8.82	53.61	93.83	87.19	126.98	–1.01	–2.22	0.48
18.63	53.70	81.82	78.10	114.45	1.27	–1.35	1.31
9.89	58.92	105.22	98.85	121.20	0.30	–4.14	10.01
6.46	47.64	66.53	62.78	99.56	–11.09	–6.65	0.04
3.86	57.71	77.16	71.28	90.61	–12.40	–9.50	–7.60
4.76	59.95	89.20	83.14	106.48	–3.52	–2.93	–1.75
7.81	46.43	104.85	92.05	130.89	29.22	–38.03	–22.47
18.92	44.53	116.47	112.76	115.14	–2.86	18.44	20.12
16.35	59.33	35.24	30.73	63.09	–3.89	–0.45	–5.90
16.05	54.35	110.55	107.68	141.00	3.11	0.30	–0.81
10.33	56.12	98.62	90.95	137.26	2.16	–3.09	–1.01
13.52	61.34	79.00	76.09	110.99	–7.20	–0.05	2.82
8.20	49.91	88.46	83.79	112.53	–18.26	–2.74	–3.80
9.97	51.90	104.87	98.01	171.61	7.94	–2.10	0.51
4.37	56.83	90.17	85.46	147.11	5.27	1.16	0.63
7.02	54.64	106.17	90.19	133.04	–12.85	–0.33	0.08

地　区	财务效益				资产营运状况		
	净资产收益率(%)	总资产报酬率(%)	营　业利润率(%)	成本费用利润率(%)	总资产周转率(%)	流动资产周转率(%)	存　货周转率(次)
河　南	−3.97	−0.73	−5.01	−4.40	34.59	92.79	6.38
湖　北	0.56	1.49	−1.22	1.01	31.43	85.07	4.61
湖　南	1.41	1.86	1.46	1.80	47.20	132.03	7.06
广　东	1.36	1.67	2.67	2.72	44.15	88.90	7.14
广　西	−0.33	0.79	−0.78	0.06	41.34	94.78	14.89
海　南	−5.50	−3.44	−11.62	−10.14	32.43	153.39	11.26
重　庆	1.24	2.78	0.76	2.11	47.22	97.56	3.40
四　川	0.74	1.87	1.65	2.04	36.05	87.11	2.90
贵　州	0.72	1.74	3.23	3.88	24.59	55.00	0.44
云　南	2.43	3.13	6.05	5.39	25.35	80.79	6.69
陕　西	−1.84	−0.21	−3.66	−1.94	37.68	112.53	3.27
甘　肃	1.94	2.74	0.74	3.73	29.42	94.00	3.67
青　海	0.32	0.69	0.88	1.20	19.06	72.72	4.27
宁　夏	−6.13	−2.51	−7.03	−5.99	45.56	108.61	6.25
新　疆	−2.50	0.45	−4.99	−2.41	34.34	121.28	6.97
西　藏	−1.52	−1.19	−2.73	−2.66	43.68	152.29	6.22

续表

	偿债能力状况				发展能力状况		
应收账款周转率（次）	资产负债率（%）	流动比率（%）	速动比率（%）	长期资产适合率（%）	销售增长率（%）	资本积累率（%）	总资产增长率（%）
4.98	56.36	81.84	76.05	108.07	–3.48	2.81	1.40
7.75	57.73	80.34	73.78	135.01	1.07	0.28	5.96
9.88	51.18	82.02	76.70	118.96	–5.56	–4.32	3.55
20.04	47.86	133.80	129.07	168.27	–0.06	1.18	4.46
7.39	51.17	117.35	114.19	179.19	–0.31	–0.67	–2.26
21.94	32.56	83.50	80.37	145.57	1.28	–5.09	–2.33
5.29	48.75	131.84	107.39	167.60	–2.28	1.69	0.01
12.43	53.92	123.06	105.74	145.71	3.98	1.52	–2.10
14.05	44.79	104.15	98.71	140.62	2.88	–63.20	–53.61
8.03	42.00	104.85	99.59	128.91	0.02	2.38	4.15
6.91	48.11	84.37	71.54	109.47	–7.36	–1.13	–2.18
6.44	48.86	83.87	74.73	141.01	10.95	4.30	12.52
3.38	42.46	73.63	69.37	96.07	12.48	3.16	5.18
6.70	52.33	83.21	78.26	99.82	–18.76	–7.75	1.14
10.76	59.03	90.50	83.18	106.94	17.68	–0.37	–0.01
0.00	17.84	152.91	137.07	112.98	–20.59	5.26	–3.77

2015 年度全国旅游行业经济效益

地　区	财务效益				资产营运状况		
	净资产收益率(%)	总资产报酬率(%)	营　业利润率(%)	成本费用利润率(%)	总资产周转率(%)	流动资产周转率(%)	存　货周转率(次)
全　国	0.69	1.41	0.30	1.76	46.53	124.70	7.37
北　京	3.99	2.44	2.82	3.72	66.85	129.17	7.31
天　津	3.30	1.77	4.00	4.16	44.20	204.91	21.45
河　北	−8.73	−3.28	−28.96	−3.54	82.17	207.22	11.12
山　西	−9.66	−4.09	−14.71	−11.69	37.20	93.86	3.12
内蒙古	1.63	2.22	1.96	3.18	28.76	66.91	3.75
辽　宁	−33.78	−4.56	−19.21	−16.12	23.71	190.98	5.25
吉　林	−9.43	−4.54	−19.41	−15.11	25.23	140.87	2.47
黑龙江	−22.02	−5.78	−34.68	−25.75	18.32	245.87	7.35
上　海	0.01	1.36	−1.77	1.63	76.18	137.42	15.95
江　苏	−4.90	−0.47	−3.99	−3.81	40.17	61.89	9.88
浙　江	1.02	1.92	2.35	2.83	48.44	133.39	6.38
安　徽	−1.02	−0.72	7.07	−2.71	31.22	176.31	12.20
福　建	0.19	0.95	−7.75	1.61	54.82	146.86	13.10
江　西	−10.32	−4.73	−17.43	−10.87	37.06	108.82	5.40
山　东	9.44	4.87	6.25	7.98	65.10	138.64	8.23

评价主要财务指标表（二星级饭店）

	偿债能力状况				发展能力状况		
应收账款周转率（次）	资产负债率（%）	流动比率（%）	速动比率（%）	长期资产适合率（%）	销售增长率（%）	资本积累率（%）	总资产增长率（%）
8.27	47.38	91.05	83.56	117.47	2.96	1.71	0.51
14.90	59.98	85.52	80.17	115.25	2.41	9.02	3.39
6.21	47.41	45.58	43.85	67.41	5.20	3.36	−0.54
4.42	57.52	94.26	84.17	111.98	86.64	−8.99	−0.63
4.68	49.53	85.86	72.30	99.75	−9.55	−8.08	−3.93
2.29	50.42	104.32	96.34	123.82	−12.94	3.03	4.03
24.58	87.92	16.91	14.79	37.64	1.53	−29.03	−7.63
21.36	54.20	44.67	37.65	90.30	−20.88	−8.15	12.13
57.17	75.85	57.85	55.93	94.17	1.06	−35.63	−12.04
32.41	51.63	115.28	113.17	169.86	6.23	−4.45	−5.77
16.21	67.09	94.96	91.75	122.26	−3.51	−6.46	3.53
16.15	48.30	88.18	80.23	155.51	4.15	−0.12	−6.17
16.44	21.95	81.44	74.98	96.96	−11.19	−1.98	−4.29
13.34	25.89	181.67	169.13	153.35	7.97	−3.04	−1.20
3.48	50.80	209.16	187.51	389.08	23.57	14.35	−0.95
4.50	59.60	72.78	65.69	92.70	12.27	1.03	0.36

地　区	财务效益				资产营运状况		
	净资产收益率(%)	总资产报酬率(%)	营　业利润率(%)	成本费用利润率(%)	总资产周转率(%)	流动资产周转率(%)	存　货周转率(次)
河　南	3.00	2.76	4.32	4.01	63.30	154.51	12.32
湖　北	3.45	2.34	0.07	4.15	48.87	144.69	5.28
湖　南	3.17	3.13	2.88	3.73	60.85	199.31	6.17
广　东	7.80	6.99	13.11	15.13	53.16	78.21	30.18
广　西	0.26	0.45	0.63	0.87	29.80	95.64	12.28
海　南	21.07	3.13	3.69	4.19	77.40	277.66	15.40
重　庆	10.05	5.88	5.98	6.46	66.36	126.78	9.35
四　川	2.85	3.14	3.44	4.40	48.12	144.36	7.97
贵　州	−16.32	−6.37	−17.99	−10.45	57.11	134.35	7.66
云　南	−0.71	0.86	−0.41	−0.71	24.66	100.00	6.66
陕　西	−1.58	−0.05	−2.24	−1.59	46.89	170.65	5.48
甘　肃	−0.61	0.19	−1.29	−0.34	32.09	120.92	5.12
青　海	−20.54	−6.21	−17.69	−11.06	47.74	311.59	4.57
宁　夏	22.70	3.41	26.08	35.29	13.06	57.33	0.45
新　疆	−12.42	−2.74	−27.65	−17.84	15.30	39.42	8.42
西　藏	−17.45	−16.68	−53.42	−34.82	31.23	162.54	3.22

续表

	偿债能力状况				发展能力状况		
应收账款周转率（次）	资产负债率（%）	流动比率（%）	速动比率（%）	长期资产适合率（%）	销售增长率（%）	资本积累率（%）	总资产增长率（%）
5.67	51.15	107.03	95.60	117.69	48.54	37.63	28.23
5.73	44.32	80.59	69.37	112.25	−16.09	5.82	4.49
7.83	34.91	119.51	101.64	114.57	−4.92	2.18	2.05
22.53	22.38	272.88	269.73	306.65	6.39	6.14	4.77
20.29	40.91	71.27	69.46	96.89	−9.80	−1.70	0.37
4.56	83.65	34.64	32.87	23.02	21.45	23.55	0.35
32.44	59.39	132.85	121.65	129.99	1.35	−0.39	−9.55
17.40	35.99	115.43	104.76	141.88	4.73	1.03	2.85
5.91	44.79	112.09	103.36	116.51	−8.04	2.96	4.12
12.06	37.94	97.34	88.28	114.23	−9.47	−2.03	−4.95
8.03	44.11	72.09	61.18	99.82	−4.96	−1.08	−0.10
3.60	48.29	57.82	50.85	87.12	2.83	−9.33	−6.32
47.51	71.97	20.43	6.64	32.86	−10.40	−18.62	−6.02
3.55	83.45	20.57	5.63	19.98	148.52	22.32	−0.45
2.79	71.58	44.31	42.45	52.71	5.60	−12.04	−13.27
6.72	5.51	233.69	129.76	108.45	−23.16	−16.05	−14.22

2015 年度全国旅游行业经济效益

地 区	财务效益				资产营运状况		
	净资产收益率(%)	总资产报酬率(%)	营业利润率(%)	成本费用利润率(%)	总资产周转率(%)	流动资产周转率(%)	存货周转率(次)
全 国	2.50	10.34	−7.15	2.69	77.14	256.74	7.23
北 京	—	—	—	—	—	—	—
天 津	−11.03	−6.05	−2.58	−2.51	234.74	479.19	23.84
河 北	−1.82	−0.17	−4.03	−0.99	61.09	90.97	1.59
山 西	—	—	—	—	—	—	—
内蒙古	—	—	—	—	—	—	—
辽 宁	—	—	—	—	—	—	—
吉 林	—	—	—	—	—	—	—
黑龙江	—	—	—	—	—	—	—
上 海	—	—	—	—	—	—	—
江 苏	—	—	—	—	—	—	—
浙 江	−16.40	−5.19	−9.27	−5.69	131.90	365.73	13.52
安 徽	−9.40	−7.55	−18.12	−14.99	42.64	143.04	1.31
福 建	15.78	19.47	9.10	10.02	213.82	478.96	20.78
江 西	—	—	—	—	—	—	—
山 东	—	—	—	—	—	—	—

评价主要财务指标表（一星级饭店）

	偿债能力状况				发展能力状况		
应收账款周转率（次）	资产负债率（%）	流动比率（%）	速动比率（%）	长期资产适合率（%）	销售增长率（%）	资本积累率（%）	总资产增长率（%）
17.24	36.36	96.36	77.87	107.34	5.91	−1.55	−3.53
—	—	—	—	—	—	—	—
28.37	46.83	107.11	95.11	106.68	2.09	−10.45	−4.72
5.86	29.92	335.44	268.65	246.59	−7.85	−1.80	−2.92
—	—	—	—	—	—	—	—
—	—	—	—	—	—	—	—
—	—	—	—	—	—	—	—
—	—	—	—	—	—	—	—
—	—	—	—	—	—	—	—
—	—	—	—	—	—	—	—
—	—	—	—	—	—	—	—
68.24	44.38	80.50	65.04	100.50	−18.92	−11.21	−3.99
15.29	18.72	140.38	136.04	119.41	−36.39	−8.97	−10.97
35.26	7.05	706.43	631.23	185.24	3.26	17.13	15.99
—	—	—	—	—	—	—	—
—	—	—	—	—	—	—	—

地　区	财务效益				资产营运状况		
	净资产收益率(%)	总资产报酬率(%)	营　业利润率(%)	成本费用利润率(%)	总资产周转率(%)	流动资产周转率(%)	存　货周转率(次)
河　南	—	—	—	—	—	—	—
湖　北	36.27	34.03	14.21	11.79	336.54	490.54	29.22
湖　南	6.71	4.10	5.38	12.72	28.99	157.15	1.05
广　东	—	—	—	—	—	—	—
广　西	—	—	—	—	—	—	—
海　南	−0.77	−0.42	−1.24	−1.28	34.11	86.67	1.27
重　庆	—	—	—	—	—	—	—
四　川	—	—	—	—	—	—	—
贵　州	65.14	39.41	65.79	192.33	59.91	176.02	93.45
云　南	1.13	25.38	−30.24	1.73	66.35	281.36	18.28
陕　西	—	—	—	—	—	—	—
甘　肃	5.98	5.81	20.69	22.27	32.28	838.06	1 147.04
青　海	—	—	—	—	—	—	—
宁　夏	—	—	—	—	—	—	—
新　疆	—	—	—	—	—	—	—
西　藏	—	—	—	—	—	—	—

续表

	偿债能力状况				发展能力状况		
应收账款周转率(次)	资产负债率(%)	流动比率(%)	速动比率(%)	长期资产适合率(%)	销售增长率(%)	资本积累率(%)	总资产增长率(%)
—	—	—	—	—	—	—	—
20.56	9.42	829.50	760.16	716.49	−14.68	5.09	3.75
4.16	54.41	29.94	17.53	56.46	−1.84	−0.01	−2.54
—	—	—	—	—	—	—	—
—	—	—	—	—	—	—	—
14.89	47.09	136.80	97.82	0.00	−2.00	−5.43	1.77
—	—	—	—	—	—	—	—
—	—	—	—	—	—	—	—
20.79	38.10	128.23	127.55	109.94	17.19	45.83	38.03
36.07	30.05	114.59	98.45	109.55	55.68	−2.95	−9.34
—	—	—	—	—	—	—	—
0.00	4.20	94.15	93.50	102.43	−30.02	−0.32	−1.31
—	—	—	—	—	—	—	—
—	—	—	—	—	—	—	—
—	—	—	—	—	—	—	—
—	—	—	—	—	—	—	—

2015 年度全国旅游行业经济效益

地　区	财务效益				资产营运状况		
	净资产收益率(%)	总资产报酬率(%)	营　业利润率(%)	成本费用利润率(%)	总资产周转率(%)	流动资产周转率(%)	存　货周转率(次)
全　国	−1.74	−0.39	−3.57	−3.30	29.61	88.00	5.41
北　京	−2.35	−1.98	−12.44	−8.32	21.20	25.04	0.00
天　津	0.47	0.23	0.24	0.24	94.57	303.80	18.07
河　北	—	—	—	—	—	—	—
山　西	−97.88	−35.44	−80.43	−44.71	44.19	44.17	7.33
内蒙古	−9.07	−4.48	−77.04	−43.56	5.80	16.98	3.89
辽　宁	—	—	—	—	—	—	—
吉　林	38.26	30.69	33.60	50.61	91.33	91.33	0.00
黑龙江	—	—	—	—	—	—	—
上　海	1.83	0.60	2.47	1.07	40.60	94.07	16.49
江　苏	−2.70	−1.99	−9.03	−7.84	23.21	102.31	8.83
浙　江	−4.14	−1.35	−2.46	−2.17	75.32	229.48	12.93
安　徽	−6.86	−0.86	−25.37	−17.32	4.86	7.62	6.09
福　建	1.33	3.39	1.87	2.07	27.72	99.93	10.64
江　西	—	—	—	—	—	—	—
山　东	−5.07	−3.81	−18.17	−13.36	25.25	89.10	0.80

评价主要财务指标表（未评星级饭店）

	偿债能力状况				发展能力状况		
应收账款周转率（次）	资产负债率(%)	流动比率(%)	速动比率(%)	长期资产适合率(%)	销售增长率(%)	资本积累率(%)	总资产增长率(%)
14.98	49.87	92.13	87.47	124.42	0.84	−2.97	1.78
5.70	14.20	604.21	604.21	603.59	−64.08	−4.07	−6.84
12.19	52.09	60.02	57.24	81.97	1.09	0.47	0.11
—	—	—	—	—	—	—	—
5.35	74.14	128.55	119.01	556.11	−15.87	0.00	11.87
0.98	52.88	63.78	59.38	107.41	−35.22	−8.68	−0.08
—	—	—	—	—	—	—	—
0.00	19.79	505.32	505.32	0.00	0.00	0.00	0.00
—	—	—	—	—	—	—	—
34.04	52.81	128.81	126.52	142.60	2.73	−1.57	−1.33
18.51	27.35	105.56	101.96	154.27	2.79	−10.87	1.38
21.07	54.39	85.86	81.45	128.36	−3.23	−2.46	3.27
5.07	85.45	76.87	76.61	89.85	−5.40	−6.79	4.36
3.43	68.04	80.23	78.96	95.50	−8.94	0.66	5.10
—	—	—	—	—	—	—	—
22.88	21.67	135.07	67.84	115.89	−18.23	1.47	2.12

地 区	财务效益				资产营运状况		
	净资产收益率(%)	总资产报酬率(%)	营 业利润率(%)	成本费用利润率(%)	总资产周转率(%)	流动资产周转率(%)	存 货周转率(次)
河 南	−1.70	−1.32	−8.37	−4.97	26.71	170.81	2.17
湖 北	−1.74	0.11	−4.69	−4.51	16.97	68.18	6.89
湖 南	−5.87	2.07	−11.17	−6.81	28.52	131.81	4.34
广 东	−1.81	−0.64	−10.28	−4.03	23.78	48.59	7.36
广 西	−19.92	−4.38	−51.88	−27.37	13.26	331.11	15.37
海 南	2.41	2.09	1.03	3.09	66.86	159.90	5.85
重 庆	−17.56	−4.00	−8.60	−4.83	85.91	294.57	17.95
四 川	−0.45	0.28	−1.53	−1.14	21.10	108.06	2.34
贵 州	−7.82	−2.12	−8.72	−8.69	24.57	39.72	1.72
云 南	−10.47	−2.30	−22.84	−18.28	21.44	108.88	3.53
陕 西	−3.67	−1.92	−9.59	−7.27	27.62	137.83	7.29
甘 肃	4.91	4.28	6.80	19.47	16.78	77.08	2.47
青 海	8.74	7.93	28.21	39.30	28.11	228.47	3.11
宁 夏	7.24	6.58	15.14	17.84	43.45	174.28	0.00
新 疆	−1.52	−1.18	−2.31	−2.26	51.16	213.49	7.28
西 藏	−7.71	−7.21	−74.11	−45.02	9.20	74.69	1.49

续表

	偿债能力状况				发展能力状况		
应收账款周转率（次）	资产负债率（%）	流动比率（%）	速动比率（%）	长期资产适合率（%）	销售增长率（%）	资本积累率（%）	总资产增长率（%）
14.37	15.40	102.01	88.54	117.80	12.47	–0.72	–0.13
14.59	52.96	58.21	56.54	105.63	18.33	4.03	6.41
36.94	65.08	130.69	91.03	127.84	–28.02	–5.86	4.40
30.83	66.74	75.84	74.81	88.65	0.80	6.03	–2.94
6.27	74.48	5.11	4.80	52.88	11.04	–18.12	–4.60
88.85	25.01	171.52	162.59	144.79	–22.82	1.72	–5.53
38.25	70.55	50.60	47.69	52.58	0.75	–15.54	–8.40
6.85	41.47	73.09	63.01	117.49	12.04	7.07	8.39
36.76	73.28	122.60	114.22	300.40	5.95	–8.60	21.70
20.61	54.45	39.47	35.02	82.85	6.93	–9.54	–3.02
17.80	40.49	50.80	45.34	110.25	–2.76	–4.09	–2.54
28.84	39.28	105.26	97.19	108.84	6.72	5.79	3.39
65.70	8.32	97.41	84.88	358.58	–10.58	6.82	4.58
7.66	10.64	244.65	244.65	120.81	2.85	7.51	11.32
0.00	13.80	126.35	92.57	104.40	0.00	–1.51	–18.70
25.36	11.39	130.42	108.68	105.74	0.00	–7.42	2.95

2015 年度全国旅游行业经济效益

地区	财务效益				资产营运状况		
	净资产收益率(%)	总资产报酬率(%)	营业利润率(%)	成本费用利润率(%)	总资产周转率(%)	流动资产周转率(%)	存货周转率(次)
全国	5.84	5.35	6.13	8.12	46.07	97.76	1.92
北京	1.02	4.26	1.64	1.85	139.01	335.27	16.90
天津	0.99	0.56	22.72	29.40	2.47	5.07	0.00
河北	—	—	—	—	—	—	—
山西	—	—	—	—	—	—	—
内蒙古	1.15	2.02	4.12	4.56	46.17	182.10	10.48
辽宁	—	—	—	—	—	—	—
吉林	1.76	3.81	10.90	22.09	10.71	20.26	0.34
黑龙江	—	—	—	—	—	—	—
上海	7.87	5.57	8.82	12.06	37.31	108.99	16.24
江苏	8.39	6.30	−1.14	15.49	25.11	51.39	1.82
浙江	4.48	8.28	5.95	7.21	38.05	72.09	1.39
安徽	0.34	4.45	13.34	17.07	20.09	64.74	0.76
福建	−4.00	0.87	−0.03	0.04	309.04	492.41	4 213.00
江西	—	—	—	—	—	—	—
山东	−0.57	0.10	−23.12	−9.98	2.16	9.53	0.07

评价主要财务指标表（旅游集团）

	偿债能力状况				发展能力状况		
应收账款周转率（次）	资产负债率(%)	流动比率(%)	速动比率(%)	长期资产适合率(%)	销售增长率(%)	资本积累率(%)	总资产增长率(%)
18.34	58.97	130.91	84.14	208.01	10.40	28.83	24.35
24.64	62.29	79.84	67.34	127.34	11.66	17.80	14.64
0.00	43.21	112.95	112.95	148.18	3.07	1.00	0.17
—	—	—	—	—	—	—	—
—	—	—	—	—	—	—	—
41.58	32.22	104.64	92.07	112.60	44.56	0.65	1.25
—	—	—	—	—	—	—	—
12.70	60.32	313.57	244.21	251.77	11.16	2.25	34.39
—	—	—	—	—	—	—	—
37.08	59.25	101.21	98.68	168.36	12.75	15.00	33.97
17.92	60.42	156.44	126.93	179.51	8.06	33.99	14.14
26.54	64.39	113.78	72.18	162.60	11.68	13.48	18.89
34.09	58.26	115.05	65.78	186.22	16.76	19.23	10.14
17.66	78.15	90.96	90.87	123.43	14.89	11.81	50.64
—	—	—	—	—	—	—	—
5.94	9.77	778.07	142.11	2 559.25	75.84	294.77	212.02

地区	财务效益				资产营运状况		
	净资产收益率(%)	总资产报酬率(%)	营业利润率(%)	成本费用利润率(%)	总资产周转率(%)	流动资产周转率(%)	存货周转率(次)
河南	—	—	—	—	—	—	—
湖北	2.06	2.62	6.30	9.12	12.34	46.10	1.86
湖南	—	—	—	—	—	—	—
广东	12.85	7.13	15.19	19.00	38.04	56.75	0.53
广西	2.03	2.84	4.43	4.42	16.88	74.69	3.49
海南	—	—	—	—	—	—	—
重庆	0.05	0.73	-7.38	2.31	9.25	31.80	0.57
四川	12.47	9.54	18.97	27.99	35.79	110.53	7.54
贵州	12.18	1.25	6.32	7.08	19.14	82.78	19.94
云南	10.74	8.24	14.20	17.42	45.09	128.84	73.12
陕西	0.40	2.37	-1.75	2.42	21.52	34.55	1.80
甘肃	—	—	—	—	—	—	—
青海	—	—	—	—	—	—	—
宁夏	—	—	—	—	—	—	—
新疆	18.82	11.82	15.25	24.25	39.37	665.24	51.26
西藏	—	—	—	—	—	—	—

续表

偿债能力状况					发展能力状况		
应收账款周转率（次）	资产负债率(%)	流动比率(%)	速动比率(%)	长期资产适合率(%)	销售增长率(%)	资本积累率(%)	总资产增长率(%)
—	—	—	—	—	—	—	—
16.12	57.35	88.03	74.31	250.93	13.92	37.40	30.67
—	—	—	—	—	—	—	—
57.26	64.67	170.75	68.02	283.81	6.18	29.17	19.33
1.71	43.86	72.05	61.19	172.06	–49.57	–0.08	–6.84
—	—	—	—	—	—	—	—
2.74	63.97	142.91	81.14	219.72	5.16	1.60	10.08
56.57	43.78	140.71	127.65	135.74	8.49	0.82	1.17
39.46	92.15	109.45	107.50	555.23	39.04	18.43	6.54
60.51	46.85	160.26	158.54	179.75	15.09	6.42	–0.15
1.72	62.00	163.10	144.58	215.39	10.51	5.75	26.94
—	—	—	—	—	—	—	—
—	—	—	—	—	—	—	—
—	—	—	—	—	—	—	—
42.81	59.12	14.11	12.76	105.85	46.78	20.66	–5.09
—	—	—	—	—	—	—	—

2015 年度全国旅游行业经济效益

地　区	财务效益				资产营运状况		
	净资产收益率(%)	总资产报酬率(%)	营　业利润率(%)	成本费用利润率(%)	总资产周转率(%)	流动资产周转率(%)	存　货周转率(次)
全　国	3.64	3.09	10.54	16.09	14.94	41.54	1.09
北　京	1.37	1.33	−1.54	7.91	12.05	52.66	10.09
天　津	0.02	0.38	1.15	1.45	24.97	76.67	4.44
河　北	2.87	3.05	7.18	11.50	17.20	61.52	1.91
山　西	−3.74	−0.99	−25.60	−18.50	8.89	34.83	5.61
内蒙古	0.25	1.06	−1.56	3.82	5.95	29.19	4.08
辽　宁	3.94	2.75	−1.35	11.28	13.17	27.11	0.62
吉　林	0.11	0.89	−3.34	1.56	7.18	23.11	6.65
黑龙江	0.16	0.10	1.59	4.00	2.53	39.30	2 611.11
上　海	6.50	4.31	15.12	22.35	17.61	46.74	0.70
江　苏	−2.71	−0.23	−13.77	−9.56	7.58	15.11	0.41
浙　江	3.42	3.14	12.50	19.13	13.18	37.17	1.58
安　徽	3.49	2.47	7.58	11.17	17.29	40.39	0.45
福　建	1.25	1.61	6.69	11.19	9.74	21.03	0.17
江　西	2.66	1.97	4.00	4.84	35.57	83.92	2.59
山　东	7.96	5.26	21.89	31.21	18.05	63.29	1.13

评价主要财务指标表（全部旅游景区）

	偿债能力状况				发展能力状况		
应收账款周转率（次）	资产负债率（%）	流动比率（%）	速动比率（%）	长期资产适合率（%）	销售增长率（%）	资本积累率（%）	总资产增长率（%）
7.90	55.43	109.03	93.46	198.34	10.73	10.21	13.21
1.51	47.40	132.80	130.48	218.71	−1.80	4.52	2.30
2.51	47.31	82.48	77.55	122.63	1.86	−29.84	−5.04
5.34	49.71	104.68	95.06	184.07	10.54	−6.94	2.89
13.52	46.38	69.43	67.75	148.88	13.67	2.52	11.35
13.63	34.09	71.99	68.83	294.55	10.63	−3.27	−3.56
31.57	67.10	92.68	83.73	273.12	10.83	6.17	10.71
19.17	46.50	125.03	122.94	144.55	4.68	18.81	42.11
0.00	38.63	211.57	211.54	276.07	4.69	3.88	2.12
30.33	63.54	93.89	65.95	163.52	8.17	5.24	8.14
3.50	67.26	125.95	110.95	254.82	7.23	6.79	14.91
6.79	52.60	102.75	92.47	192.33	8.27	34.95	22.75
8.80	54.21	112.72	97.62	214.33	15.89	−20.57	−28.66
4.61	51.52	161.92	80.84	346.11	1.95	3.79	7.05
18.29	47.46	139.71	113.82	238.54	6.50	−1.00	4.37
12.73	53.72	88.47	68.99	163.66	11.04	11.55	11.35

地区	财务效益				资产营运状况		
	净资产收益率(%)	总资产报酬率(%)	营业利润率(%)	成本费用利润率(%)	总资产周转率(%)	流动资产周转率(%)	存货周转率(次)
河南	4.56	4.54	17.51	21.61	20.05	117.03	9.07
湖北	4.24	6.16	5.65	16.67	15.71	59.21	2.20
湖南	9.49	6.63	18.32	31.68	21.79	66.25	3.83
广东	12.36	7.85	24.61	33.64	25.68	57.15	1.87
广西	7.84	5.79	16.54	23.67	20.29	34.07	0.83
海南	6.11	6.07	28.19	40.83	18.98	54.39	4.98
重庆	–0.01	0.96	–7.15	0.72	10.62	37.03	2.63
四川	7.47	4.43	15.24	17.66	22.83	113.10	6.44
贵州	3.55	2.41	7.15	27.73	8.00	21.81	8.73
云南	1.71	1.87	6.40	9.49	13.19	39.86	1.17
陕西	0.69	1.00	–1.30	1.98	21.50	67.80	9.26
甘肃	7.08	5.20	19.43	24.71	23.46	69.13	1.29
青海	5.92	4.30	–69.62	17.34	8.76	23.88	49.05
宁夏	5.84	5.41	18.59	25.70	19.27	71.26	23.36
新疆	8.06	3.83	8.97	18.47	20.60	74.74	1.83
西藏	—	—	—	—	—	—	—

续表

	偿债能力状况				发展能力状况		
应收账款周转率（次）	资产负债率（%）	流动比率（%）	速动比率（%）	长期资产适合率（%）	销售增长率（%）	资本积累率（%）	总资产增长率（%）
14.38	44.64	78.42	74.63	184.39	13.89	8.03	13.01
7.60	60.12	63.75	56.93	126.26	14.04	13.60	19.98
22.34	54.15	136.42	126.41	256.48	20.51	5.93	16.73
31.66	53.93	146.37	126.75	177.05	17.43	3.05	8.98
25.12	52.87	122.35	98.02	254.88	26.14	43.69	43.70
33.45	31.71	188.96	184.43	235.43	19.79	3.26	–2.41
15.96	66.59	84.20	78.61	190.43	21.25	47.29	41.32
30.27	60.29	43.69	39.74	98.53	–4.61	34.93	15.31
42.20	52.07	264.51	261.79	813.92	18.78	11.13	49.21
4.11	58.51	118.07	105.52	227.48	–6.14	13.21	19.38
2.95	53.76	75.80	71.79	141.24	9.46	21.14	9.80
6.84	51.83	67.92	49.62	147.57	49.98	11.70	33.19
2.90	68.11	89.75	89.02	166.01	23.97	4.49	17.97
36.26	39.09	172.75	170.89	174.00	5.78	24.66	16.90
27.42	59.70	84.49	71.92	156.71	32.39	21.12	14.92
—	—	—	—	—	—	—	—

2015 年度全国旅游行业经济效益

地区	财务效益				资产营运状况		
	净资产收益率(%)	总资产报酬率(%)	营业利润率(%)	成本费用利润率(%)	总资产周转率(%)	流动资产周转率(%)	存货周转率(次)
全国	2.67	2.76	8.20	13.45	13.58	36.88	1.28
北京	4.91	2.55	7.13	8.51	27.87	92.44	10.58
天津	−0.77	−0.47	−4.90	−4.95	11.08	53.05	0.00
河北	2.14	2.70	6.90	13.16	13.41	55.23	1.30
山西	−2.32	0.40	−13.58	−10.25	8.61	22.94	3.15
内蒙古	3.03	3.14	8.96	15.11	14.22	50.01	3.25
辽宁	2.52	2.86	−1.03	8.18	18.63	44.35	1.98
吉林	0.22	0.21	−4.19	2.31	8.49	18.11	5.10
黑龙江	0.16	0.10	1.59	4.00	2.53	39.30	2 611.11
上海	−8.06	−2.23	−54.12	−28.24	6.88	14.70	0.16
江苏	2.18	1.33	9.99	12.84	7.21	10.83	0.32
浙江	3.60	3.40	16.47	24.04	12.21	37.62	1.45
安徽	6.69	4.62	14.17	20.31	20.79	84.79	1.72
福建	−0.09	0.89	−3.69	1.70	11.49	29.40	1.11
江西	2.64	2.06	5.67	7.58	22.40	59.67	1.80
山东	4.57	2.69	8.00	13.73	17.56	73.31	2.74

评价主要财务指标表（自然类旅游景区）

	偿债能力状况				发展能力状况		
应收账款周转率（次）	资产负债率（%）	流动比率（%）	速动比率（%）	长期资产适合率（%）	销售增长率（%）	资本积累率（%）	总资产增长率（%）
8.99	54.44	109.23	99.49	205.55	8.63	15.39	17.93
128.84	65.76	89.54	87.21	234.43	–5.83	5.01	5.57
0.00	23.41	95.97	95.91	212.92	5.83	1.72	3.23
6.35	36.93	95.51	81.16	199.41	1.71	–10.13	–4.15
14.53	57.23	73.16	71.75	184.55	17.32	4.16	12.69
16.39	40.87	85.89	79.91	170.25	13.38	18.98	15.62
25.57	53.11	119.68	115.01	357.41	7.67	5.32	18.09
22.06	59.85	174.71	172.12	233.31	5.37	88.92	123.45
0.00	38.63	211.57	211.54	276.07	4.69	3.88	2.12
19.55	64.76	77.81	29.65	222.27	–6.37	–6.61	5.03
2.52	68.00	166.88	153.72	357.37	10.50	6.47	15.14
17.49	50.24	100.21	92.36	181.87	11.85	51.98	27.60
16.02	51.46	69.61	51.46	169.14	28.26	11.87	6.39
4.05	59.22	101.80	94.33	221.34	2.08	4.32	10.38
18.29	51.48	117.70	99.22	231.50	6.94	3.01	8.67
18.67	59.51	54.02	47.62	129.42	7.35	3.54	7.32

地区	财务效益				资产营运状况		
	净资产收益率(%)	总资产报酬率(%)	营业利润率(%)	成本费用利润率(%)	总资产周转率(%)	流动资产周转率(%)	存货周转率(次)
河南	1.63	2.61	9.28	10.22	16.49	115.55	9.16
湖北	0.79	5.91	2.08	6.11	14.96	58.06	8.71
湖南	12.56	10.29	25.43	39.95	29.43	116.88	18.40
广东	3.35	2.89	6.62	8.90	25.25	53.86	4.60
广西	3.77	4.19	10.63	14.33	15.35	23.91	30.07
海南	2.86	3.49	24.53	31.74	12.47	33.00	4.22
重庆	0.17	0.91	–14.39	1.45	7.22	25.92	2.96
四川	6.48	5.62	17.96	22.76	21.16	86.92	3.88
贵州	6.79	3.23	6.57	42.23	6.75	14.06	4.27
云南	0.83	1.41	3.88	6.20	12.17	37.09	1.05
陕西	–0.84	0.14	–8.74	–1.80	12.96	49.20	4.27
甘肃	4.83	4.04	11.43	13.29	27.59	72.63	1.33
青海	8.22	4.97	–74.15	16.87	9.75	24.81	108.34
宁夏	4.96	4.36	14.10	17.10	29.28	122.24	32.26
新疆	7.73	3.57	9.90	18.57	18.62	75.36	2.53
西藏	—	—	—	—	—	—	—

续表

	偿债能力状况				发展能力状况		
应收账款周转率(次)	资　产负债率(%)	流动比率(%)	速动比率(%)	长期资产适合率(%)	销　售增长率(%)	资　本积累率(%)	总资产增长率(%)
11.00	43.72	70.07	66.69	172.19	12.26	7.01	14.36
5.25	57.14	72.62	70.93	149.44	17.85	3.81	12.30
46.98	47.86	96.24	94.07	156.79	31.51	–13.43	–7.51
24.25	51.91	149.49	141.03	225.87	0.47	0.35	2.57
14.43	55.28	101.06	100.79	205.91	17.47	61.60	55.28
31.32	27.51	227.98	224.47	298.55	–0.12	–0.04	–5.08
9.24	63.76	71.26	69.21	224.50	25.49	67.76	62.17
22.84	47.00	84.62	76.66	152.67	–14.93	37.52	26.65
27.60	65.76	266.83	264.33	785.55	29.45	29.86	73.36
3.79	60.31	116.15	102.84	236.05	–9.81	12.61	20.05
8.24	50.57	71.76	66.48	161.64	19.74	15.97	19.85
10.99	45.02	98.54	64.63	147.26	21.15	2.79	8.65
2.65	74.99	78.05	77.84	152.35	22.12	4.32	19.56
26.75	24.74	222.75	219.60	170.43	6.21	38.38	18.43
65.08	63.23	107.09	98.44	183.14	69.57	26.99	22.37
—	—	—	—	—	—	—	—

2015 年度全国旅游行业经济效益

地 区	财务效益				资产营运状况		
	净资产收益率(%)	总资产报酬率(%)	营业利润率(%)	成本费用利润率(%)	总资产周转率(%)	流动资产周转率(%)	存货周转率(次)
全 国	0.10	1.38	−3.69	3.87	12.65	33.00	0.56
北 京	−3.33	−0.97	−1.81	−2.60	36.58	55.33	26.80
天 津	6.47	2.92	3.65	3.79	79.89	84.24	1.30
河 北	−2.28	−0.31	−4.85	−4.25	6.86	15.44	52.80
山 西	−0.76	0.28	−6.79	−3.25	12.93	80.18	9.04
内蒙古	−0.56	−0.14	−2.83	−2.75	14.19	201.46	63.47
辽 宁	5.35	1.99	10.44	15.88	13.99	198.78	2.61
吉 林	−0.07	−0.07	−1 462.57	−1.99	0.22	15.76	0.01
黑龙江	—	—	—	—	—	—	—
上 海	10.55	6.62	18.82	25.94	28.33	62.75	0.59
江 苏	−14.01	−4.73	−83.78	−43.63	7.00	18.46	0.39
浙 江	0.73	1.36	−28.53	4.06	5.91	13.01	0.35
安 徽	2.87	3.73	5.51	12.42	15.51	57.72	1.76
福 建	−0.27	0.54	−8.67	−1.54	2.18	4.50	0.02
江 西	0.24	0.11	1.17	1.18	9.64	12.01	0.29
山 东	4.87	5.08	22.94	33.17	13.54	69.70	8.20

评价主要财务指标表（文物类旅游景区）

	偿债能力状况				发展能力状况		
应收账款周转率（次）	资产负债率（%）	流动比率（%）	速动比率（%）	长期资产适合率（%）	销售增长率（%）	资本积累率（%）	总资产增长率（%）
16.98	54.75	134.00	99.35	271.89	13.26	8.23	15.06
307.31	66.55	566.15	560.50	756.80	0.08	13.00	−1.98
0.00	53.43	177.67	133.45	918.08	3.32	6.69	−0.25
12.47	86.16	72.84	72.70	361.26	17.93	−1.98	−5.18
11.95	40.65	54.85	53.35	111.16	10.86	5.30	18.97
0.00	20.79	44.36	43.80	184.20	−15.14	45.07	13.61
79.87	67.79	7.35	4.70	35.11	−5.97	5.50	−1.06
0.78	3.48	40.70	36.54	169.90	675.17	13 204.39	13 684.15
—	—	—	—	—	—	—	—
1 708.33	59.66	134.07	66.24	279.76	27.47	11.14	21.53
17.88	59.59	113.31	98.81	291.75	9.94	10.41	11.26
31.73	67.11	91.56	77.06	189.62	22.34	2.82	30.06
3.19	57.03	94.41	77.31	259.88	25.36	8.04	6.86
117.51	49.87	252.83	37.93	625.18	18.86	2.04	4.24
157.06	52.37	356.79	287.62	832.93	2.02	0.21	0.13
35.12	49.02	88.07	85.75	178.84	−1.78	−0.83	4.58

地区	财务效益				资产营运状况		
	净资产收益率(%)	总资产报酬率(%)	营业利润率(%)	成本费用利润率(%)	总资产周转率(%)	流动资产周转率(%)	存货周转率(次)
河南	6.48	5.73	17.67	22.11	27.42	82.69	13.64
湖北	31.82	18.88	–9.16	171.05	8.15	36.44	14.53
湖南	10.14	5.13	10.49	26.97	19.93	36.28	1.98
广东	–0.45	0.12	–3.10	0.57	20.83	106.73	32.73
广西	17.98	14.52	11.70	28.81	57.07	152.77	128.48
海南	9.56	10.19	22.32	30.04	39.37	184.76	8.30
重庆	7.14	2.28	7.46	7.96	30.25	86.27	1.37
四川	11.58	6.19	10.98	13.89	49.94	78.19	7.18
贵州	0.01	0.07	–0.34	0.53	6.76	32.31	831.58
云南	12.05	9.00	26.11	43.35	25.92	78.89	2.96
陕西	2.12	2.11	2.68	4.18	33.55	74.99	15.97
甘肃	2.12	2.67	6.86	6.05	32.46	113.43	38.15
青海	2.01	1.64	–16.42	35.16	3.57	13.39	2.41
宁夏	6.87	6.29	28.76	49.13	10.86	36.61	11.80
新疆	26.88	6.05	2.86	20.87	27.53	135.63	5.59
西藏	—	—	—	—	—	—	—

续表

	偿债能力状况				发展能力状况		
应收账款周转率(次)	资产负债率(%)	流动比率(%)	速动比率(%)	长期资产适合率(%)	销售增长率(%)	资本积累率(%)	总资产增长率(%)
45.50	39.37	106.53	102.61	365.11	11.03	7.86	10.44
43.63	67.14	44.63	44.18	166.94	18.09	44.37	67.58
9.99	62.07	177.31	160.34	520.39	14.34	20.83	60.68
85.68	47.22	58.10	57.34	182.06	32.20	6.48	–1.20
51.21	25.14	215.82	215.17	328.20	38.64	19.76	15.96
145.46	29.00	129.47	125.90	154.36	4.71	2.12	–4.09
90.61	71.06	113.74	53.55	105.75	94.55	8.51	–8.14
79.09	62.70	1 164.70	1 101.76	798.17	1.84	5.22	6.12
1 411.61	29.37	346.04	345.95	1 312.97	18.90	–1.20	23.58
4.97	38.50	105.53	97.85	127.21	10.83	10.75	–0.12
3.14	50.38	130.34	127.70	131.26	–0.11	45.87	17.00
3.71	51.70	100.38	98.20	115.04	21.84	8.82	8.81
6.74	38.60	439.17	422.47	230.28	64.77	4.90	11.40
188.14	51.26	146.59	145.41	177.47	4.81	10.31	15.63
80.23	72.64	14.50	12.53	44.35	–9.30	72.79	8.05
—	—	—	—	—	—	—	—

2015 年度全国旅游行业经济效益

地区	财务效益				资产营运状况		
	净资产收益率(%)	总资产报酬率(%)	营业利润率(%)	成本费用利润率(%)	总资产周转率(%)	流动资产周转率(%)	存货周转率(次)
全国	6.64	4.27	17.26	23.62	17.72	52.27	1.28
北京	1.48	1.46	–3.00	11.52	8.97	47.98	7.24
天津	0.24	0.57	1.68	2.05	28.03	79.82	4.49
河北	6.61	4.66	8.18	10.68	28.31	83.61	5.57
山西	–10.55	–7.45	–327.12	–77.12	2.48	38.12	9.80
内蒙古	–0.93	0.02	–51.14	–27.70	1.55	9.37	13.18
辽宁	11.51	2.72	–7.26	23.48	5.52	7.89	0.19
吉林	0.07	1.49	–0.76	0.73	6.29	38.41	9.51
黑龙江	—	—	—	—	—	—	—
上海	11.92	6.58	24.08	35.08	19.94	60.85	3.88
江苏	1.26	0.97	1.85	5.44	8.41	21.65	0.57
浙江	3.99	3.25	10.98	13.43	20.65	50.19	2.76
安徽	0.43	0.20	0.41	1.37	14.88	23.50	0.24
福建	8.76	8.81	23.98	32.56	34.42	51.97	0.56
江西	3.14	2.19	2.79	2.90	77.67	169.96	4.40
山东	11.40	7.23	30.51	45.44	20.14	57.06	0.74

评价主要财务指标表（主题类旅游景区）

	偿债能力状况				发展能力状况		
应收账款周转率（次）	资产负债率(%)	流动比率(%)	速动比率(%)	长期资产适合率(%)	销售增长率(%)	资本积累率(%)	总资产增长率(%)
6.16	57.12	99.51	82.98	168.21	12.20	4.12	6.47
0.97	44.67	110.89	108.77	204.78	−1.70	4.10	2.50
2.29	53.00	80.66	75.21	107.23	1.51	−37.42	−6.83
4.45	68.21	132.79	128.57	149.02	21.59	8.03	23.49
26.02	22.47	101.92	92.69	179.16	4.43	−4.04	−4.51
7.02	30.31	57.79	57.56	466.62	3.31	−12.12	−12.40
10 275.71	87.59	86.89	74.19	369.31	39.21	11.45	3.02
16.60	33.32	71.38	69.84	97.24	3.80	−12.51	−5.08
—	—	—	—	—	—	—	—
25.51	63.86	96.78	90.46	140.30	5.92	9.48	6.92
3.28	71.50	89.69	72.52	173.27	2.68	3.98	17.22
2.81	52.55	121.57	106.74	251.60	−0.13	2.84	4.04
9.59	56.68	213.78	206.27	285.64	1.54	−51.28	−57.46
4.30	28.39	237.73	125.74	291.06	−1.87	7.87	6.35
17.79	34.60	168.87	126.80	212.64	6.32	−8.80	−5.38
9.41	51.34	124.13	86.45	185.31	17.58	22.97	17.20

地区	财务效益				资产营运状况		
	净资产收益率(%)	总资产报酬率(%)	营业利润率(%)	成本费用利润率(%)	总资产周转率(%)	流动资产周转率(%)	存货周转率(次)
河南	31.16	17.02	42.82	76.91	37.88	178.59	6.46
湖北	7.00	3.49	13.33	16.33	19.28	65.67	0.99
湖南	3.16	2.90	8.05	16.42	12.42	70.44	3.80
广东	15.34	9.44	30.17	43.62	25.86	57.91	1.56
广西	14.11	8.66	23.02	34.41	28.83	50.42	0.53
海南	23.45	14.93	35.48	60.33	37.59	116.56	5.54
重庆	−2.62	0.69	−7.03	−4.59	13.39	45.20	5.93
四川	11.04	2.46	12.51	11.88	22.05	240.51	12.69
贵州	19.02	12.94	21.40	38.73	37.55	108.35	3.89
云南	−0.13	1.39	1.62	2.74	16.85	42.59	19.81
陕西	3.09	1.84	1.79	3.73	29.51	84.00	14.36
甘肃	13.12	7.68	51.08	107.14	14.65	55.08	0.47
青海	−2.69	−1.52	−72.32	−1.78	51.72	129.20	7.91
宁夏	—	—	—	—	—	—	—
新疆	5.05	3.46	10.46	16.63	22.56	57.76	1.08
西藏	—	—	—	—	—	—	—

续表

	偿债能力状况				发展能力状况		
应收账款周转率（次）	资　产负债率(%)	流动比率(%)	速动比率(%)	长期资产适合率(%)	销　售增长率(%)	资　本积累率(%)	总资产增长率(%)
26.34	56.84	100.86	93.77	199.00	21.64	19.15	6.37
20.98	64.35	56.23	39.76	85.84	7.69	38.52	27.93
48.51	51.56	114.44	105.16	304.06	0.75	31.55	13.53
34.50	54.60	146.55	123.54	166.50	23.39	3.87	11.11
66.00	48.53	201.12	85.12	388.00	35.85	19.90	24.62
27.19	48.52	106.19	98.96	139.61	77.76	26.07	9.95
26.85	73.66	138.48	132.19	166.00	-6.42	6.29	14.66
41.50	81.94	11.73	10.46	28.01	13.02	32.38	1.40
30.71	43.42	86.80	77.25	136.27	-2.07	17.42	12.98
48.67	46.53	179.71	179.13	325.73	34.82	28.13	38.01
2.10	59.82	67.63	64.81	117.55	7.53	22.65	-4.49
3.16	61.94	36.89	33.16	154.30	1 565.27	37.65	105.66
0.00	46.54	219.75	214.08	172.68	2.21	-0.73	21.10
—	—	—	—	—	—	—	—
10.08	43.04	109.57	78.32	170.29	9.12	4.64	0.28
—	—	—	—	—	—	—	—

主题类旅游景区

2015 年度全国旅游行业经济效益

地　区	财务效益				资产营运状况		
	净资产收益率(%)	总资产报酬率(%)	营　业利润率(%)	成本费用利润率(%)	总资产周转率(%)	流动资产周转率(%)	存　货周转率(次)
全　国	4.37	3.42	6.78	8.27	32.50	86.17	2.78
北　京	0.35	0.30	-0.04	0.22	85.37	150.09	20.21
天　津	—	—	—	—	—	—	—
河　北	14.91	9.45	52.61	98.48	20.25	112.60	0.00
山　西	19.61	16.39	46.89	87.73	35.18	86.72	1.18
内蒙古	4.95	2.84	13.06	19.53	14.59	36.35	0.62
辽　宁	7.16	4.02	-12.14	12.08	29.65	104.63	15.87
吉　林	0.78	0.35	7.88	15.65	2.44	11.57	0.68
黑龙江	1.86	1.38	-8.63	9.41	13.48	27.87	1.16
上　海	13.57	10.98	4.89	6.45	177.25	307.14	9.09
江　苏	1.88	1.81	2.11	2.40	31.86	119.87	4.99
浙　江	1.09	1.59	5.23	6.50	14.19	26.42	15.24
安　徽	6.22	6.07	9.35	10.99	47.98	120.34	2.54
福　建	14.99	11.72	15.82	19.70	70.32	102.73	1.60
江　西	2.29	1.16	9.74	10.77	10.95	16.04	0.16
山　东	1.32	1.77	10.55	8.75	8.43	29.12	4.09

评价主要财务指标表（其他旅游企业）

	偿债能力状况				发展能力状况		
应收账款周转率（次）	资产负债率（%）	流动比率（%）	速动比率（%）	长期资产适合率（%）	销售增长率（%）	资本积累率（%）	总资产增长率（%）
12.19	53.43	121.61	94.71	251.12	9.50	16.22	11.52
26.84	62.16	91.38	88.50	146.72	−13.37	1.77	14.50
—	—	—	—	—	—	—	—
12.39	35.22	34.02	34.02	93.01	−12.63	−1.04	−5.23
7.12	15.50	285.74	225.17	174.40	5.49	20.65	17.83
7.63	55.60	75.13	59.02	100.38	7.12	32.50	4.35
6.58	52.10	51.75	49.18	123.00	139.61	15.49	27.67
7.52	52.15	19.33	18.32	518.43	146.16	34.20	18.85
0.42	26.07	149.55	126.87	125.17	−6.98	5.39	2.57
22.48	37.64	155.20	109.21	148.28	−4.48	−2.19	−9.15
23.97	70.45	91.14	71.23	353.01	−0.06	9.00	9.37
12.58	65.56	210.04	208.30	356.18	−4.60	40.90	2.17
10.35	42.62	184.14	140.74	204.02	−2.12	26.67	15.29
2.21	37.03	181.13	116.98	288.99	−2.71	33.73	10.29
2.11	52.13	162.98	78.84	481.91	22.36	32.72	23.66
10.48	49.60	49.75	46.79	155.35	160.28	1.44	−4.00

地区	财务效益				资产营运状况		
	净资产收益率(%)	总资产报酬率(%)	营业利润率(%)	成本费用利润率(%)	总资产周转率(%)	流动资产周转率(%)	存货周转率(次)
河南	−2.62	−1.46	−48.34	−25.76	4.54	8.33	1.98
湖北	1.73	2.86	6.01	7.73	23.29	94.74	2.04
湖南	18.56	11.59	32.47	40.83	28.87	46.97	13.85
广东	−6.66	−0.98	−27.46	−7.49	30.66	72.04	39.35
广西	4.74	4.07	32.50	47.27	12.73	17.16	31.05
海南	9.02	7.64	7.62	8.88	52.70	86.70	44.49
重庆	7.34	3.52	3.47	3.91	77.66	197.96	9.89
四川	15.23	8.94	16.19	19.13	37.98	103.64	19.74
贵州	−1.83	−0.87	−87.92	−41.64	1.64	12.67	3.00
云南	13.50	6.59	8.31	9.70	72.26	114.08	1.03
陕西	15.72	10.05	35.14	46.50	24.55	135.20	5.74
甘肃	6.65	5.56	11.38	12.06	43.15	99.98	2.22
青海	0.94	0.89	3.19	11.91	7.70	13.29	4.60
宁夏	—	—	—	—	—	—	—
新疆	0.65	0.19	−5.05	0.70	25.51	47.84	1.11
西藏	−9.04	−8.78	−17.94	−15.21	48.95	174.72	0.00

续表

	偿债能力状况				发展能力状况		
应收账款周转率（次）	资产负债率（%）	流动比率（%）	速动比率（%）	长期资产适合率（%）	销售增长率（%）	资本积累率（%）	总资产增长率（%）
0.14	44.73	133.26	129.47	141.60	40.35	–2.77	44.29
6.07	36.48	80.05	56.07	142.18	13.44	95.14	73.75
53.17	68.90	180.86	179.33	230.96	–10.44	7.39	9.38
7.54	55.20	182.22	179.67	162.26	48.18	16.06	26.61
24.58	27.07	374.89	374.12	417.84	12.03	6.47	4.36
348.52	61.66	389.99	382.75	195.85	2.97	9.44	–3.99
32.46	71.03	87.25	73.97	277.56	4.52	–14.88	13.21
13.46	64.56	109.48	108.07	116.92	12.11	15.51	8.40
6.47	29.13	112.80	107.50	731.36	17.46	25.54	28.41
63.28	52.30	125.33	26.94	173.97	67.43	2.91	1.57
13.33	62.65	62.81	58.95	104.54	31.71	3.22	7.42
8.82	34.30	141.25	97.26	169.55	7.87	14.47	26.93
4.64	7.88	770.12	747.48	234.50	32.76	–5.09	0.37
—	—	—	—	—	—	—	—
7.85	77.67	57.59	55.96	44.79	97.60	–0.62	45.86
3.60	5.74	592.40	592.40	142.86	4.41	–8.65	–3.23

2015年度全国旅游行业经济效益

地区	人均增加值(元)				
	全国旅游行业	旅行社	旅游饭店	旅游景区	旅游集团
全国	125 156.98	66 798.38	96 516.91	118 134.63	255 471.30
北京	147 118.83	194 822.61	149 793.37	163 981.33	129 696.48
天津	62 493.49	43 576.66	60 124.52	128 318.22	132 766.95
河北	59 930.87	29 100.74	58 050.10	74 773.48	—
山西	29 856.62	31 214.23	37 125.35	5 217.34	—
内蒙古	63 176.90	30 200.43	68 738.70	75 226.76	59 500.59
辽宁	69 694.98	53 177.28	87 707.83	63 468.27	—
吉林	102 866.81	35 860.85	64 182.33	124 667.31	251 454.68
黑龙江	58 151.44	51 866.37	77 554.19	21 508.29	—
上海	247 618.25	97 403.05	182 309.00	217 036.36	385 817.52
江苏	108 032.63	56 388.02	119 329.76	35 907.74	177 218.97
浙江	96 938.89	69 657.12	88 100.34	120 354.00	112 940.84
安徽	135 909.64	45 897.68	66 117.55	144 732.68	200 243.20
福建	74 990.64	54 597.22	73 366.02	84 393.61	104 861.84
江西	64 119.56	43 486.82	65 209.77	86 191.22	—
山东	78 397.79	57 288.92	71 421.15	110 191.84	76 421.07

评价补充财务指标表（全部旅游企业）

	人均财政贡献（元）					
其他旅游企业	全国旅游行业	旅行社	旅游饭店	旅游景区	旅游集团	其他旅游企业
157 770.29	24 007.06	8 786.91	16 656.63	18 224.11	56 640.53	29 487.27
71 206.43	28 940.81	20 770.63	27 313.79	22 917.72	31 751.02	7 227.83
—	11 668.53	6 842.99	10 071.20	39 263.54	9 155.41	—
1 229 021.60	9 666.11	3 304.67	11 143.84	9 193.06	—	80 586.93
135 324.33	5 027.84	2 892.21	6 549.36	3 710.12	—	494.08
89 718.54	8 417.90	3 597.19	9 740.74	7 582.45	7 505.45	16 728.06
44 838.97	10 707.77	8 674.35	10 596.59	13 138.38	—	15 271.37
50 641.13	28 461.07	4 054.76	25 929.64	5 719.25	108 722.15	2 740.32
—	9 669.26	5 012.94	14 169.27	1 077.24	—	99.95
171 539.76	30 119.30	17 074.36	27 724.65	32 202.15	38 043.78	37 301.62
400 584.11	29 484.76	6 114.36	34 259.98	14 756.99	72 077.81	35 979.70
141 770.51	21 862.63	9 312.37	18 178.59	24 700.62	32 849.17	12 878.34
191 291.28	28 312.84	3 344.21	9 812.70	17 505.74	46 751.18	72 422.85
150 691.36	13 832.42	7 353.12	13 554.86	15 697.23	20 014.65	38 058.02
59 668.65	7 272.31	4 292.73	7 745.21	8 716.12	—	3 838.44
166 433.14	14 693.62	5 936.34	12 853.13	21 689.49	36 009.57	2 558.77

地　区	人均增加值（元）				
	全国旅游行　业	旅行社	旅　游饭　店	旅　游景　区	旅　游集　团
河　南	72 530.90	27 340.20	51 893.88	131 004.02	—
湖　北	71 328.40	56 860.72	67 237.66	83 321.66	102 117.19
湖　南	83 271.10	43 391.70	72 448.00	113 876.41	—
广　东	200 367.66	69 502.79	101 470.09	163 569.85	479 957.61
广　西	80 742.57	36 849.13	67 147.89	98 849.45	113 957.31
海　南	122 198.57	49 318.60	106 103.71	177 074.54	—
重　庆	78 921.29	65 549.07	86 496.60	79 236.20	73 057.94
四　川	161 462.23	54 444.97	182 144.37	142 807.77	204 267.91
贵　州	78 745.84	44 358.37	67 661.80	71 721.99	197 175.07
云　南	120 148.02	42 528.12	76 117.03	113 395.45	300 631.90
陕　西	92 025.04	34 178.81	51 692.90	197 472.80	101 736.32
甘　肃	60 856.07	33 904.50	58 038.64	95 331.25	—
青　海	84 432.75	28 305.18	80 711.97	158 644.07	—
宁　夏	94 624.09	33 925.19	62 841.38	148 697.17	—
新　疆	111 183.82	82 598.50	115 597.59	92 868.15	—
西　藏	48 526.49	61 490.21	40 789.81	—	—

续表

	人均财政贡献(元)					
其他旅游企业	全国旅游行业	旅行社	旅游饭店	旅游景区	旅游集团	其他旅游企业
13 684.15	9 415.71	2 072.39	6 303.48	18 429.93	—	2 000.01
64 553.10	11 358.76	6 455.40	13 376.43	11 811.42	12 990.94	11 377.49
212 263.49	13 188.01	5 591.55	8 775.81	25 354.50	—	22 567.83
47 319.68	65 207.39	8 546.55	16 147.47	22 671.85	215 604.90	12 732.59
142 033.86	11 549.97	5 705.39	9 760.53	10 344.76	28 390.88	15 220.64
—	21 418.26	4 357.32	16 344.23	33 109.45	—	46 019.95
83 183.08	17 106.34	7 342.17	12 625.76	15 645.60	32 538.49	19 444.15
132 730.31	16 680.40	6 027.23	16 795.12	16 077.59	31 913.03	13 537.79
32 728.81	12 412.48	5 867.32	10 580.46	8 773.75	46 004.21	10 356.84
131 768.87	15 622.15	4 591.30	10 761.11	11 599.67	37 677.73	22 518.20
563 836.62	15 515.55	3 115.30	9 216.46	13 110.42	24 978.71	94 129.16
83 150.47	7 909.32	3 418.92	7 988.02	10 738.47	—	22 460.89
44 789.00	7 770.64	2 756.22	8 505.20	10 375.80	—	3 520.73
—	11 162.63	2 623.03	7 909.50	16 534.16	—	—
-950.47	11 869.69	5 525.71	11 099.45	19 086.24	23 988.45	5 323.34
5 183.67	5 642.47	6 666.67	5 022.22	—	—	451.89

全部旅游企业

2015 年度全国旅游行业经济效益

地　区	入境旅游收入比率(%)	自联入境旅游收入比率(%)	国内旅游收入比率(%)
全　国	6.73	2.27	51.33
北　京	6.09	2.62	31.37
天　津	2.79	2.29	73.09
河　北	4.86	0.29	62.00
山　西	10.99	3.99	47.88
内蒙古	4.49	2.49	64.56
辽　宁	11.25	3.92	38.99
吉　林	9.58	5.41	50.21
黑龙江	21.08	16.05	48.29
上　海	3.78	1.41	47.00
江　苏	1.36	0.52	54.35
浙　江	4.42	2.23	55.27
安　徽	5.50	1.94	76.56
福　建	10.69	4.57	64.93
江　西	17.14	0.63	74.25
山　东	14.67	2.51	54.29

评价补充财务指标表（全部旅行社）

出境旅游收入比率(%)	自联入境旅游收入毛利率(%)	国内旅游收入毛利率(%)	出境旅游收入毛利率(%)
41.94	7.73	7.47	4.89
62.54	9.50	8.17	5.33
24.11	6.20	4.97	6.48
33.14	3.39	10.76	5.62
41.13	1.93	3.32	2.74
30.95	6.59	9.57	9.79
49.77	8.48	5.50	5.43
40.21	4.90	8.40	3.15
30.63	5.63	7.41	6.68
49.22	11.31	5.45	4.65
44.29	6.65	10.21	2.23
40.30	9.08	9.13	5.23
17.94	4.93	5.22	4.50
24.38	5.62	4.91	4.71
8.62	3.88	6.53	6.96
31.04	5.92	7.63	6.60

全部旅行社

地　区	入境旅游收入比率(%)	自联入境旅游收入比率(%)	国内旅游收入比率(%)
河　南	8.43	6.46	60.02
湖　北	8.87	1.21	59.71
湖　南	21.96	0.27	57.62
广　东	5.26	1.75	50.33
广　西	12.24	8.87	56.30
海　南	3.83	1.64	90.02
重　庆	7.17	4.92	56.56
四　川	8.52	1.31	55.16
贵　州	8.16	2.16	76.64
云　南	7.37	1.57	82.04
陕　西	14.79	4.93	47.85
甘　肃	9.45	5.46	59.04
青　海	4.45	2.91	55.58
宁　夏	6.79	0.39	59.87
新　疆	5.95	2.27	51.46
西　藏	13.67	2.50	86.33

续表

出境旅游收入比率(%)	自联入境旅游收入毛利率(%)	国内旅游收入毛利率(%)	出境旅游收入毛利率(%)
31.55	5.26	8.46	4.50
31.42	7.43	7.05	5.93
20.42	3.14	8.17	4.11
44.41	6.95	9.22	6.11
31.46	19.09	6.78	4.22
6.15	5.36	5.96	4.69
36.27	3.67	5.60	6.58
36.32	4.33	4.66	4.29
15.20	6.41	5.72	4.69
10.59	3.36	6.09	6.51
37.35	8.13	12.03	2.07
31.52	5.18	10.17	4.54
39.97	7.75	6.35	5.49
33.34	7.82	4.53	4.96
42.59	11.77	44.69	5.47
0.00	6.51	12.42	—

2015 年度全国旅游行业经济效益

地　区	入境旅游收入比率(%)	自联入境旅游收入比率(%)	国内旅游收入比率(%)
全　国	6.98	2.46	40.53
北　京	5.35	2.25	26.18
天　津	5.86	5.54	37.07
河　北	5.24	0.32	54.70
山　西	10.67	4.30	44.67
内蒙古	5.06	2.96	50.70
辽　宁	11.58	4.08	36.56
吉　林	7.62	3.26	41.75
黑龙江	22.10	16.85	45.43
上　海	2.28	1.16	37.57
江　苏	1.25	0.58	46.28
浙　江	5.97	2.95	33.70
安　徽	6.73	2.98	62.62
福　建	13.61	6.12	53.61
江　西	25.96	1.02	60.14
山　东	16.38	2.79	47.87

评价补充财务指标表（经营出境游旅行社）

出境旅游收入比率(%)	自联入境旅游收入毛利率(%)	国内旅游收入毛利率(%)	出境旅游收入毛利率(%)
52.49	7.20	6.73	4.89
68.48	8.18	7.91	5.33
57.07	6.20	4.72	6.40
40.06	3.39	6.89	5.62
44.65	1.96	2.39	2.74
44.24	4.66	8.06	9.79
51.86	8.48	4.92	5.43
50.63	2.80	6.61	3.15
32.47	5.64	5.14	6.66
60.15	10.28	5.47	4.65
52.48	6.54	9.02	2.23
60.33	9.74	9.26	5.23
30.65	4.71	4.08	4.50
32.78	5.58	4.06	4.71
13.90	3.87	3.54	6.96
35.75	5.91	6.10	6.60

地　区	入境旅游收入比率(%)	自联入境旅游收入比率(%)	国内旅游收入比率(%)
河　南	12.17	9.41	41.64
湖　北	10.38	1.48	47.69
湖　南	25.74	0.21	47.32
广　东	5.21	1.96	39.93
广　西	16.53	13.68	33.28
海　南	15.05	11.36	41.72
重　庆	7.97	5.80	49.29
四　川	8.71	0.70	49.04
贵　州	9.86	3.14	67.92
云　南	12.20	3.26	63.01
陕　西	14.37	3.83	35.99
甘　肃	10.62	6.49	42.97
青　海	5.49	3.54	37.26
宁　夏	7.51	0.19	48.76
新　疆	5.77	2.58	38.79
西　藏	—	—	—

续表

出境旅游收入比率(%)	自联入境旅游收入毛利率(%)	国内旅游收入毛利率(%)	出境旅游收入毛利率(%)
46.18	5.31	5.02	4.50
41.94	7.35	6.44	5.93
26.94	2.73	4.99	4.11
54.86	7.03	10.23	6.11
50.19	19.24	7.06	4.22
43.23	5.10	8.45	4.69
42.74	3.67	3.52	6.58
42.25	6.57	2.84	4.29
22.22	6.41	4.69	4.69
24.79	2.99	5.70	6.51
49.64	2.65	3.70	2.07
46.41	4.77	4.70	4.54
57.25	7.77	4.55	5.49
43.73	2.70	5.48	4.96
55.45	11.13	60.58	5.47
—	—	—	—

责任编辑：王　军
责任印制：冯冬青

图书在版编目（CIP）数据

2016中国旅游财务信息年鉴 / 中华人民共和国国家旅游局编. -- 北京 : 中国旅游出版社, 2016.10
ISBN 978-7-5032-5695-0

Ⅰ. ①2… Ⅱ. ①中… Ⅲ. ①旅游业－财务信息－中国－2016－年鉴 Ⅳ. ①F592.6-54

中国版本图书馆CIP数据核字(2016)第247996号

书　　名：2016 中国旅游财务信息年鉴

编　　者：中华人民共和国国家旅游局
出版发行：中国旅游出版社
（北京建国门内大街甲 9 号　邮编：100005）
http://www.cttp.net.cn　E-mail:cttp@cnta.gov.cn
发行部电话：010-85166503
排　　版：北京旅教文化传播有限公司
经　　销：全国各地新华书店
印　　刷：北京工商事务印刷有限公司
版　　次：2016 年 10 月第 1 版　　2016 年 10 月第 1 次印刷
开　　本：787 毫米 × 1092 毫米　　1/16
印　　张：5.5
字　　数：200 千
定　　价：68.00 元
ISBN　978-7-5032-5695-0